English

SHENGTAI YINGYU SHENGDONG KETANG

生态英语 生动课堂

——做趣智的教育

向 丽◎著

哈尔滨出版社
HARBIN PUBLISHING HOUSE

图书在版编目（CIP）数据

生态英语　生动课堂：做趣智的教育 / 向丽著 . —
哈尔滨：哈尔滨出版社，2020.9
ISBN 978-7-5484-5000-9

Ⅰ . ①生… Ⅱ . ①向… Ⅲ . ①英语课—课堂教学—教学研究—初中 Ⅳ . ① G633.412

中国版本图书馆 CIP 数据核字（2020）第 186772 号

书　　名：生态英语　生动课堂：做趣智的教育
SHENGTAI YINGYU　SHENGDONG KETANG：ZUO QU ZHI DE JIAOYU

作　　者：向　丽　著
责任编辑：曹雪娇
封面设计：笔墨书香

出版发行：哈尔滨出版社（Harbin Publishing House）
社　　址：哈尔滨市香坊区泰山路82-9号　　邮编：150090
经　　销：全国新华书店
印　　刷：武汉颜沫印刷有限公司
网　　址：www.hrbcbs.com　　www.mifengniao.com
E-mail：hrbcbs@yeah.net
编辑版权热线：（0451）87900271　87900272

开　　本：710mm × 1000mm　1/16　印张：12.5　字数：200千字
版　　次：2020年9月第1版
印　　次：2022年8月第2次印刷
书　　号：ISBN 978-7-5484-5000-9
定　　价：46.00元

凡购本社图书发现印装错误，请与本社印制部联系调换。
服务热线：（0451）87900279

序（一）PREFACE

承蒙向丽老师邀约为其专著作序。初次认识向丽老师是在2012年暑假举办的广东省英语骨干教师培训班上，她的勤奋、努力、踏实给我留下了深刻的印象。再次见面是在参加2014年广州市首批“百千万”名教师培训活动时。几年间她已成长为广州市名教师和广州市英语教学名师工作室主持人，我由衷为她感到高兴。

名师的显著特征之一是具备自己的教育思想和教学理念，并且有鲜明的个人教学风格。向丽老师提出了“生态英语、生动课堂”的教育思想，反映了她对英语课堂教学的思考和她的英语教学主张。向丽老师教学风格潇洒，充满激情和“趣智”。这几年来她通过做课题研究和写论文，不断学习、实践并探寻适合初中英语教学的教学模式。最终，她凝炼出“SEA” 这个英语生动课堂教学模式：S 指 Situation（情境），E 指 Entirety（整体），A 指 Activity（活动）。

向丽老师提出的“SEA”是努力将新课标理念付诸于实践的一种课堂教学模式，它指在英语课堂上创建主题语境，包括真实的、想象中的社会情境以及语言学习中常见的语篇主题情境（S），并在该情境语境引领下通过学习理解、应用实践、迁移创新等一系列体现综合性、关联性和实践性等特点的英语学习活动（A）开展英语学习，在每类活动中有机融入语言知识学习、语言技能运用、学习策略应用、思维品质发展和文化意识培养，达到整体（E）输入与整体（E）输出。“SEA”模式提出课堂要重视生生、师生的互动，让学生“动”起来。重视激发学生的潜能，鼓励学生开口发表个人观点，重视学生的探究、合作学习与学生思维品质的发展，具有一定的推广价值。

向丽老师这本书稿包括“教学篇”“实践篇”与“趣智德育篇”三个部分，其中既有“SEA“英语生动课堂教学模式的课例，也有记录她从教以来的很多英语教学方法与教学策略的案例，以及一个个生动而有趣的教育小故事，体现了她在教育、教学上的“智”与“趣”。在教学中她善于发掘学生的学习兴趣点，并且抓住这些兴趣点，用各种小的方法或小的技巧让学生们喜欢英语，如她让学生来当老师上课，课堂上用游戏、顺口溜来教学，课后开展各种有趣的英语活动，让学生写英语漂流日记、写反思积累等等，进而提高了英语的教学效益。她不仅努力当好一名英语教师，而且还努力做一名学生喜欢的班主任。在此书中，向丽老师以缜密的心思、敏锐的触角真实再现了许多教育经历与教育场景。每一个故事与每一个细节都饱含她的教育情怀，展现了她对学生的珍爱，对教育、教学工作的挚爱以及她工作的智慧与趣味。

实现中华民族的伟大复兴，必须努力让每个孩子都能享有公平而有质量的教育，这就需要更多具有正确的教育思想、有深厚教育情怀、有高超智慧的教师。教师从事的是一份以生命影响生命的事业，“师者，所以传道授业解惑也”，愿我们的国家与社会能给老师更多的关注，给更多的老师搭建专业发展的平台，加速其专业发展。希望更多的老师从这本书中获得启示，不断反思、学习，成长为像向丽老师一样的优秀教育工作者，用“智”与“趣”去影响学生、教育学生。

朱晓燕

2019 年 11 月 19 日

（朱晓燕，华南师范大学外国语言文化学院英语教授，硕士生导师，香港大学哲学博士，兼任中国高等教育学会中国英汉语比较研究会外语教师教育与发展专业委员会常务理事。研究方向：外语教师教育和发展、学科教学知识 PCK、外语教学理论与实践。）

序（二）PREFACE

感恩，成就幸福教育

还记得27年前填报志愿的那一天，自己随手填了个师范院校，没想过要真正当一名教师，只是觉得读师范便宜。哪知道命运就是这样，我误打误撞进入了师范院校。毕业时，也从没想过我会一辈子做老师，当时大学还包分配，我又稀里糊涂地被学校分到了广州市白云区，当时也一直认为这一定只是我的中转站。谁知一入教育这个大“坑”就二十多年，当老师我越当越觉得有滋味，越做越觉得幸福。无论是在农村学校还是在市区学校，我总会遇到令我感动的人或事，也正是身边这些人与事让我感恩、让我感受到教育的幸福，最后成就了幸福的教育。

感恩一：感恩同事

最初我被分到了白云区的一个小镇下面一个村级中学（广州市白云区竹料二中），学校坐落在美丽的荔枝林里，但就是生活极其不便，因为学校离小镇还有3公里，就连买个菜都不方便。第一次我有了想回家的念头，但一群可爱的同事让我打消了回家的念头。他们帮我解决我生活上的难题，给我各种帮助，有的老师拉我去他们家吃饭，有的教我开摩托车，有的帮我买菜，同事们让我感受到了家的温暖。虽然那时工资很低，但跟同事们一起生活、工作，像个大家庭，开心、温暖，一点儿也不觉得苦。他们在生活中给予我照顾，在工作上更给我指导。当时的萧守俭老校长总是经常找我谈心，给我支招，传授他三十几年的教学经验与教学方法给我，并且总是给我机会让我这个初出茅庐的小姑娘勇挑重担。永远记得当时他力排众议，让我这个毫无经验的新手去教初三还当班主任。同科组且同是英语老师的教导主任黄杰锋老师总是让我去听他的课，并给我很多宝贵的建议，这些经验跟建议让我少走了很多弯路，并快速成长起来，第一年教初三学生的成绩就超了白云区区平均分。

感恩二：感恩我的学生

让我第一次爱上教书的就是我的学生，让我觉得教书是一份很幸福的工作的还是我的学生。刚从教时，面对的是农村的孩子，这些孩子大部分家庭都不富裕，但农村的孩子却是最淳朴的，他们表达爱的方式也是淳朴的，他们会偷偷将新鲜的荔枝跟黄皮放在我的桌上还不告诉我他们是谁。虽然有时他们也调皮，让我忙得团团转，但他们会在我感到累的时候给我桌上留一张小纸条并配上一盒润喉糖。不管我平时批评他们有多厉害，他还是会跑到校长那里，告诉校长我这个英语老师上课上得好，告诉家长他们喜欢我的课。渐渐地我爱上了这些善良、淳朴的身边人。虽然我个人的力量很小，给孩子一点爱，但却收获了很多。这些可爱的孩子让我明白一个道理：作为老师，也许只是一个小小的举动，一次智慧有效的教育就可以改变孩子的一生。

感恩三：感恩家长

二十几年的从教经历，遇见了太多的家长，也有不配合老师工作的家长，但绝大多数还是配合学校工作、支持老师们工作并心怀感恩的家长。作为老师，我们的付出都只是我们应该做的，但对于这个孩子背后的家长却是意义深刻。还记得 2010 届曾经有一学生偏科极其严重，其他学科都较好，但就是英语差，照这个成绩要考上好的高中比较难，初二我中途接手他们班的英语，刚接手时，他的测验成绩只有 40 多分，但这个孩子很好，肯学也肯吃苦，成绩进步非常明显，初二学期期末成绩就上升到了 70 多分，最后初三中考考到了 130 多分（总分 150 分），考到了广州市比较好的重点中学——六中，毕业后又去澳大利亚上大学。当时这个学生毕业两年了，他妈妈还时不时从老家带一些特产要送给我，不论我怎么拒绝都要感谢我，她把我当作了她最信任的人。那一时刻让我觉得我的工作是多么地有意义。孩子有成长，孩子的进步能让已经毕业了的孩子家长还记得我、感谢我，作为一个老师是多么幸福呀！

生态英语　生动课堂：做趣智的教育

——我的教育教学主张

我的教育教学主张是，生态英语，立足生活，尊重生命生长；关注生成，运用“SEA”（Situation, Entirety, Activity）教学模式，打造追求有趣和高效的英语生动课堂，做“趣智”的教育。

一、生态英语

生态指的是主体生命的各种基本要素的有机关联和良性互动而形成的生命状态。它不仅综合了“和谐”“关系”“共生”等理念，更重要的是它关涉生命，以生命成长为中心，以生命之间或生命与文化、环境等亲和互利为依据；同时，“生态”也考察生命的整体性、复杂性，生态共同体中各因子间的非线性和自组织性等。生态教育下的生态英语教育以学生为主体，将学生的个性发展和需求列为核心，关注生命的差异性，英语教育不再是语言知识的教与学，而是尊重、唤醒、激励学生，让学生个性与知识一起自由生长。生态英语教育从学生的学习兴趣、生活经验和认知水平出发，发展学生的综合语言运用能力，使语言学习的过程成为形成积极的情感态度、综合的跨文化交流能力以及自主学习能力的过程。

二、生动课堂

生动课堂其实确切地说是 VIVID 课堂，生动（VIVID）课堂有两层意义，第一种（VIVID）的字面意义，第一个 V 指的是 Value interaction，即重视互动，包括生生、师生互动；第一个 I 指的是 Inspire potential，即激发不同学生的潜能；第二个 V 指的是 Voice personal opinion，即发表个人见解，生动课堂鼓励学生勇于开口发表个人观点；第二个 I 指的是 Inquiry and cooperative learning，即探究和合作学习；最后一个字母 D 指的是 Develop the quality of thinking，即发展学生的思维品质。

生动课堂的第二层意思指的是“学生动”，即课堂要以生为本，课堂更关注学生的“学”而不是“教”。生动课堂的老师因材施教，并设计具有综合性、关联性和实践性等特点的英语学习活动，生动课堂让每个学生的思维都动起来，并使学生通过学习理解、应用实践、迁移创新等一系列融语言、思维、文化于一体的活动，表达个人观点意图和情感态度，提高英语学习能力和实际运用语言的能力，并最终达到《普通高中新课程标准（2017 年版）》所要求的“育人”的目的。

怎样构建英语“生”动课堂？生动课堂（VIVID）就是在英语课中运用“SEA”（Situation, Entirety, Activity）教学模式，以学生为本，以六要素整合的英语学习活动观为依据而构建。

“SEA”（Situation, Entirety, Activity）教学模式也是取三个英语关键词的首字母而得，其中的 S 是 Situation（情境），E 是 Entirety（整体），A 是 Activity（活动）。“SEA”教学模式具体说就是在英语课上创建主题情境即主题语境（S），并在该情境引领下通过学习理解、应用实践、迁移创新等一系列体现综合性、关联性和实践性等特点的英语学习活动（A）开展英语学习。是在每类活动中有机融入语言知识学习、语言技能运用、学习策略应用、思维品质发展和文化意识培养，达到整体（E）输入与整体（E）输出的一种教学模式。

《普通高中英语课程标准（2017 年版）》已明确提出语言运用离不开具体的社会情境，也就是具体的语言使用场合，而且语言运用能力必须是整合能力，所以语言运用一定要整体运用语言。另外“SEA”译成中文是大海，海的特点是宽广、海纳百川、有容乃大，并且资源丰富，也正好体现了该模式的包容性、丰富性与生成性。

三、趣智的教育

著名心理学家布鲁纳说过：“学习最好的刺激是对所学教材的兴趣。”朱熹《近思录》中有云：“教人未见意趣，必不乐学。”兴趣是智慧的火花，是克服困难的一种内在的心理因素，是学习知识的动力。所以让学生喜欢学习英语，让英语学习变得快乐很有必要。孔子也曾说过：“知之者不如好之者，好之者不如乐之者。”

托尔斯泰说过：“成功的教学所需要的不是强制，而是激发学生的兴趣。”能使学生在愉悦的气氛中学习，唤起学生强烈的求知欲望是教学成功的关键。“兴趣是最好的老师”，只有学生对学习的内容感兴趣，才会产生强烈的求知欲望，自动地调动全部感官，积极主动地参与教与学的全过程。所以要观察学生的兴趣点，注意营造快乐的教学氛围、培养学生学习英语的兴趣。这么多年，笔者上课创设一些情景跟小组的活动，课后开展一些有趣的英语活动，如英语角，“英语手抄报”，举办英语沙龙；还给学生开设各式各样的校本课程；在学校跟其他英语老师一起举办“英语朗读比赛”“初三阅读竞赛”“英语写作大赛”“英语歌曲大赛”等一系列课外活动，深受学生欢迎，也激发了学生学习英语的兴趣。

教育还是一门艺术，教育的对象是活生生的有思想的人，作为一个教育工作者，面对的问题总是多种多样，充满智慧地工作，往往可以四两拨千斤，使教育教学起到事半功倍的效果。智慧地工作，用最有效的方法去解决工作中所存在的问题，只有这样才能进一步提高教育、教学效益。

四、具体表现

生态英语，“SEA”生动（VIVID）课堂是我的教学思想，做“趣智”的教育是我的教育理念，让学生和谐、自由、快乐地学习英语、发展个性是最终的目标。这些构成了我的教育教学主张，具体来说，有以下几个特点：

1. 尊重与发展学生的人性和个性

英语课堂教学应以所教学生为根本，关注学生的学情，关注学生的差异并且尊重与发展学生的人性和个性。俗语说：“一样米养百样人。”人与人是不相同的，每个学生都是一个有思想的活生生的独特的个体，每个学生个性不同，我们应该尊重、发展学生的人性和个性。尊重、理解、信任学生是消除教育盲点的基础。尊重学生要尊重学生的人格。教师与学生虽然处在教育教学过程中的不同的地位，但在人格上应该是平等的；理解学生要从青少年的心理发展特点出发，理解他们的要求和想法，信任他们的潜在能力，放手让学生在实践中锻炼，在磨练中成长。只有这样，学生才能与教师缩小心理距离，学生才会对教师产生依赖感。

2. 以生为本，重视思维的互动

杜威认为教育是生活的过程，“教育即生长”。一切教育和教学都应适合儿童的心理发展水平和兴趣、需要。将学生当作学习的主体，是我们教育的中心。在课堂上以学生为中心，把课堂还给学生，把学习的主动权交到学生手中，努力让学生在做中学，在实践中学习。在学习的过程中重视互动，既有生生互动，也有师生互动。在互动的过程中鼓励学生勇于发表个人见解，鼓励学生勇于开口发表个人观点。所有的互动其实也就是进行思维的碰撞与互动，最终达到发展学生的逻辑、批判与创新思维。

3. 用好教材，利用各种课程资源

教材是我们的核心资源，但并不是说我们就要严格地按照编排顺序机械地使用教材，我们不是教教材而是用教材教，所以用好教材，整合整个单元教学极为重要。教育部《英语课程标准》指出，英语教学的特点之一是要使学生尽可能多地从不同渠道、以不同形式接触和学习英语，亲身感受和直接体验语言及语言运用。因此，在英语教学中，除了合理有效地使用教科书以外，还应该积极利用其他课程资源，特别是广播影视节目、录音、录像资料、直观教具和实物、多媒体光盘资料、各种形式的网络资源、报刊杂志等等。多种开放的课程资源运用到了课堂上，使学生能全方位接触英语、感受英语，同时教学方式和学习方式的转变使得学生在课堂上能把听、说、读、写技能训练紧密地结合起来，在潜移默化中得到提高，推动了学生的综合技能的发展。“SEA”生动（VIVID）课堂一定是整合各种有效教学资源的课堂，让学生趣学、乐学。

4. 基于六要素整合的英语学习活动观的高效活动

“SEA”生动（VIVID）课堂实践是基于六要素整合的英语学习活动观的高效活动。《普通高中英语课程标准（2017年版）》已经明确：活动是英语学习的基本形式，是学习者学习和尝试运用语言理解与表达意义，培养文化意识，发展多元思维，形成学习能力的主要途径。六要素整合的英语学习活动观是指学生在主题意义引领下，通过学习理解、应用实践、迁移创新等一系列体现综合性、关联性和实践性等特点的英语学习活动，使学生基于已有的知识，依托不同类型的语篇，在分析问题和解决问题的过程中，促进自身语言知识学习、语言技能发展、文化内涵理解、多元思维发展、价值取向判断和学习策略运用。“SEA”生动（VIVID）课堂英语教学应是“在活动中进行教学，在教学中开展活动”。VIVID课堂能有效地培养学生运用英语进行交际的能力。英语学科课程的特点又决定了学生的学习方式主要是在“学习中参与”，VIVID课堂的高效活动不仅让学生在“参与中学习”，而且这些丰富多彩的英语学习活动，还可以让学生接触到更贴近学生实际、贴近生活、贴近时代的信息资源；学生的参与意识随之不断增强，交流方式也将由课内活动的单、双向交流，转为多向交流的方式。

5. 和谐的师生关系

师生关系无时无刻不影响着教育的过程和结果，只有有了感情的接近、心灵的共鸣，才能形成知识的启发、能力的培养。师生之间只有建立融洽和谐的关系，才能取得最佳的教育效果，正如古人云：“亲其师，信其道。”所以良好的师生关系是生动课堂的基础。“SEA”生动（VIVID）课堂上的师生关系是平等的，融洽的，和谐的，学生愿意开口发表个人的看法（Voice personal opinion），老师愿意不吝对学生的表扬与赞美。学生敢于质疑，老师愿意倾听。师生是平等的交流者，教师跟学生是平等的对话关系。苏联教育家苏霍姆林斯基曾经这样认为：“师生之间是一种互相有好感、互相尊重的和谐关系，这将有利于教学任务的完成”。学生喜欢上课，老师能做学生的知心朋友，有了情感的交融，生动课堂更加生动。

6. 多元的评价与合作探究的学习策略

完整的教学活动包括教、学、评三个方面。“评”是教师依据教学目标确定评价内容和评价标准，通过组织和引导学生完成以评价目标为导向的多种评价活动，以此监控学生的学习过程，检测教与学的效果，实现“以评促学”，“以评促教”（教育部，2018）。在“SEA”生动（VIVID）课堂里，课堂评价活动贯穿整个教学过程，为教学服务，给学生及时的帮助与反馈，促进学生更有效地学习。生动（VIVID）课堂评价是多元的，有终结性评价、过程性评价，有教师对学生的评价也有学生的自评与互评。课堂的多元评价能让学生更能清楚认识自我，调整学习，建立信心；充满智慧有趣的多元评价让学生学得更快乐、更有自信。

23 年的从教经历让我明白教育的真谛。什么是教育？教育是让孩子成为更好的自己，教育工作者在成就别人的时候成长了自己，教育也让我们成为更好的自己。教育绝不仅仅是几个分数，英语教育也不只是语言知识的教与学而是尊重、唤醒、激励学生，让学生个性与知识一起自由生长。正如德国教育家第斯多惠所说的：“教学的艺术不在于传授的本领，而在于激励、唤醒和鼓舞。”而“趣智”教育就是让教育充满乐趣与智慧。

向 丽

2019 年 12 月 6 日

目录 CONTENTS

第一部分　教学篇

第二部分 实践篇

第三部分 趣智德育篇

第一部分

教学篇

随着时代的发展，英语教学日新月异，发展很快，各种各样的新潮理论的引入，让老师们眼花缭乱，无所适从。英语毕竟不是母语，跨文化的要求、非母语的教学都使得社会对英语教师比对其他科的老师有更多的要求。许多英语教师兢兢业业，每天利用自己个人的业余时间抓学生背单词、背课文，但却适得其反，学生更加讨厌英语，而教师也感到疲惫不堪，但教学效果却不佳。如何让学生喜欢上英语，如何让学生愿意去学习英语？ 教无定法，但必得法，作为英语教师，掌握好的方法与好的教学策略，让英语学习充满乐趣，也许可以起到事半功倍的作用。笔者从教二十多年来一直致力于生态英语、生动课堂的打造与探究。生态英语、生动课堂生成了很多的教学策略与教学小技巧，这些策略与技巧让学生喜欢上英语，也让学生能轻松自由、快乐地学习英语，最终提高英语教学效益。

尊重学生的兴趣，让学生爱上英语

小迈克的蜕变

每个学生都是一个有思想的活生生的独特个体，每个学生个性不同，教师应该尊重、发展学生的人性和个性。尊重、理解、信任学生是消除教育盲点的基础。尊重学生要尊重学生的人格，理解学生要从青少年的心理发展特点出发，理解他们的要求和想法，信任他们的潜在能力，尊重并理解他们的兴趣。有时候兴趣是最好的老师，以学生的兴趣为着手点让他们喜欢上英语往往会起到意想不到的效果。小迈克的蜕变就是一个例证。

第一次了解吴家豪是在军训的时候，初一入学军训结束之时，学校要求每个班要准备一个表演节目在军训晚会上表演。新的班级除了学生的名字，我对他们几乎一无所知，就让他们自己推荐参加表演。很多学生都指着一个瘦瘦小小的男孩说他行。这样我才正式知道了这个瘦弱的戴着眼镜的小男孩叫吴家豪。那天晚上，他的表演极其成功，模仿迈克尔·杰克逊的舞蹈让整个年级都沸腾起来。于是同学们给了他一个外号叫小迈克。开学之后，我进一步了解到他从小喜欢迈克尔·杰克逊，从小就看迈克尔·杰克逊视频并模仿其唱歌、跳舞，但就是学习一直不太好。小迈克家庭条件不行，一家三口外加奶奶还住着政府的廉租房，成绩不好，父母也不太重视。久而久之，成绩越来越差，上初一时几乎科科都只有三、四十分。基础不好，初中的知识又比小学难得多，使得他越来越厌学、弃学，其他科的老师提到他总是摇头或向我投诉他的种种表现。怎么办？难道就放任他这样下去？这时我想到了他喜欢迈克尔·杰克逊这件事，既然喜欢迈克尔·杰克逊，也就一定喜欢他的歌，多听、多唱迈克尔·杰克逊的歌一定会对他学习英语有很大的帮助。于是我主动找他谈话并给他推荐了许多迈克尔·杰克逊的歌和舞蹈让他学。除此之外还总是找机会让他在班上给大家表演，或安排他教同学们唱迈克尔·杰克逊的歌，年底又安排他代表班级参加学校的文艺汇演。

从那以后他学习英语的劲头足了，长时间听英文歌、唱英文歌使他的英语成绩有了质的飞跃，特别是英语口语进步神速。为了更加巩固这个效果，我还给他配了一个口语非常好的学生与他进行师徒结对，从此班上经常看到他们两个用英语交流，连日常对话有时也用英语。口语的进步同时也带动了他英语学习全面的进步，期末考试他的英语成绩让许多老师感到惊讶。从此以后，小迈克爱上了英语。

毕业之后，他没有考上高中，读了职中，但他却一直没有放弃对英语的学习，毕业几年之后，有一天我突然收到了他给我发的一条信息，上面写到："十分感谢老师的教导，如果不是您当年的栽培，我不会像现在这样自在，我现在意大利餐厅工作，经常会用到英语。如果不是我英语较好，可能我就一辈子去做我不喜欢的销售靠嘴皮子吃饭了，现在我在努力学习俄语和西班牙语，因为我有一定的英语基础，所以学习起来不费劲。我可能不是您的骄傲，但您对我却意义非凡，没有您我肯定不会如此热爱英语，真的十分感谢您。——吴家豪"

"小迈克"的成长与蜕变使我认识到：作为教师必须要了解学生、尊重他们的爱好与他们的个性，正如心理学家罗杰斯所说的，"人类生来就具有学习的潜能，当学生察觉到学习内容与他自己的目的（需求）有关时，便发生了意义学习"（转自尹刚，陈静波 2004）。教师尊重学生的学习兴趣和需求，做一个有智慧的教师对学生因材施教极其重要，学生一旦喜欢上英语那就是一辈子的事。

游戏让课堂变得更加有趣

教育家克鲁普斯卡娅说："对孩子来说，游戏是学习，游戏是劳动，游戏是重要的教育形式。"心理学家弗洛伊德指出："游戏是由愉快原则促动的，它是满足的源泉。"游戏是孩子的天堂，即使是初中的孩子也是如此。游戏可以满足他们好动、好玩、追求新鲜的心理，使学生的兴趣大增，注意力持续长久、稳定，而且在玩游戏过程中注意的紧张程度也较高。在初中英语教学中，教师如果能加入游戏的元素，会让课堂变得更加有趣，也将会大大提高课堂学习的效率。

课堂游戏不同于我们所说的其他游戏，课堂游戏更有目的性，它的作用除了吸引学生的注意力，增加学生的学习兴趣，更为重要的是要为教学服务。课堂游戏让学生在游戏中获得知识或技能。教师在设计并运用游戏时首先要确定此游戏是为什么教学目的服务，如果"为了游戏而游戏"是不可取的。有时听课经常看到有的教师会在课堂上穿插一些小游戏，而游戏又与所授内容没有任何关联，课后问该老师，说是为了吸引学生的注意力。这样的课堂游戏是不可取的，既浪费时间而且还使整节课内容碎片化。

课堂游戏除了要有目的性之外，还要有多样性和生动性。再好玩的游戏，玩过几次就没有新鲜感了，教师就要不断设计新游戏，不断翻新游戏。寓知识于游戏中，学生能边游戏边学习语言，从而熟练地掌握语言规律。游戏应结合教学要求和教学内容合理安排，课堂游戏可以用于教学的每一个环节，下面介绍几种我经常用的较好的课堂小游戏。

一、用游戏来巩固词汇记忆

1. 填词游戏

单词是学习英语的基础，但记忆单词又往往是学生最头疼的事情，学生总是记了又忘，忘了又记，过程枯燥无味但效果不佳。新课完成之后，我会经常布置一些填词游戏（Crossword Puzzles）给学生作为巩固练习。填词游戏纵横交错，只给出一两个字母让学生去拼写，学生既有兴趣又在完成填词游戏的过程中巩固了新单词的拼写。

2. 快速写出你的词

在复习阶段，要让学生记住大量的词汇，这时候就可以使用此游戏，老师给出几个不同的首字母，学生复习单元中含有这几个首字母的词汇两分钟，然后每个小组派一名学生不能看书，去黑板上写出含有这几个首字母的单词，在规定的时间里，写得最多又正确的小组获胜。

3. 限时猜词

新单词学完之后，记忆并巩固新单词的用法可以用此游戏，学生两两一组或多人一组，一个人选择一个单词用关键词清楚地向其他小组成员（猜词者）描述抽到的单词。猜词者猜中后，描述者开始描述新单词。在规定的时间里哪个小组猜出的单词最多即是获胜者。

4. 编故事游戏

笔者也常用此游戏操练并巩固新单词。为了更好帮助学生记住新单词的词义，以小组为单位，给学生一到两分钟用新单词编一个小故事，小组所编的故事中用到的新单词越多，故事内容越完整有趣，小组的得分越多。“编故事游戏”既可以巩固好新单词，还能训练学生的口语表达、口头作文即说的能力。

二、游戏在记句子中的运用

1. 传声筒游戏

此游戏可以用来记忆课文中的关键句或优美的好句。让每组的第一个学生说或背课文中的一个优美的好句，然后传给后面的学生，一个传一个，传到最后一位学生，该学生要将此句写在黑板上，哪个组写得最正确得分最高。学生在做此游戏时自然而然地就记住了课文中的好句，要比课后死背这几个句子效果好很多。

2. 猜猜我是谁

当学生学习了一些形容词描述一个人或一件事物时，学生写描述性文章之前可以用此游戏，每个小组选一个学生用英语描述一位同学的身高，外貌特征，性格特点，让其他同学猜是谁。另外也可以描述一件东西或一种动物让同学们猜。猜的同学只能问问题如："Is it an animal? ""Is she in group1?" 等。出题的人只能答 "Yes" 或 "No"，这样既练习了学生的口语，也给学生写描述性文章搭了词汇的脚手架。

三、游戏在语法教学中的运用

1. 记忆类游戏

在进行语法教学时引入这些游戏可以更快地让学生学会使用这些语法项目。我常将此类游戏用于时态教学中。游戏常以小组为单位，给每个小组同一张图片，图片中有各种人进行各种活动，先给学生们一到两分钟记住这些图片中人的各种动作，然后收回图片，让学生说出图片上的内容。如果学的是现在进行时，那就规定要用现在进行时来描述这些内容，如 A boy is watching TV, A lady is listening to the radio。如果是学习其他时态，那就规定用其他时态来描述图片中的内容。说的句子越多越正确的小组得分就越高。学生们在说、在使用项目语言，使用得越多，自然项目语言也就掌握得越好。语言能力其实就是语言运用能力，只有让学生去运用语言，才能真正掌握该语言项目。

2. 开小火车

开小火车其实也就是个人接龙，一个学生接着一个学生接下去。笔者在教语法项目 If 引导的条件状语从句时常引用此游戏，在学生的操练中，因为开了小火车，更多的学生得到操练机会，更好地掌握句型，"开小火车" 首先让每组第一个学生回答同一个问题，然后让学生以小组为单位 "开小火车" 接龙去回答问题。学生对各种人称的 If 引导的条件状语从句都得到了操练。例如以一个小组为例：

Group 1:

T: What will you do if you have much money?

S1: If I have so much money, I will buy a lot of things for my parents.

S2: If I buy a lot of things for my parents, my parents will be very happy.

S3: If my parents are happy, they will cook me delicious food.

S4: If they cook me delicious food, I will be fatter and fatter.

3. 找朋友

“找朋友”游戏可以用在词语搭配中，也可以用在语法教学中。笔者在教授或复习形容词、副词比较级、最高级的形式时，或动词的现在分词、名词复数变化时都曾用过此游戏。以形容词、副词比较级、最高级为例，教师先准备原形跟形容词、副词比较级、最高级形式的卡片。以小组为单位，让他们自行抽取卡片，然后在小组内找到正确的搭配。学生在“找朋友”游戏过程中自然而然地加深了对这些词语变化形式的记忆。

4. 打地鼠

动词非谓语动词是初中阶段的一个重点、难点，有的动词后要接动词不定式，而有的动词只能接动名词，但又有一部分动词两者都可以接，所以学生经常弄混淆。而这些动词又没有特别的特点，学生光死记硬背总是记错。为了让学生更好地记住这些词语，我常常先给学生一到两分钟背这些动词，然后制作成打地鼠的游戏，动词放在地鼠身上，地鼠只要一冒头，学生就要说出或写出该词的搭配，哪个小组说或写的对得最多则获胜。

在英语课堂教学中恰当地运用这些小游戏，能培养学生学习英语的兴趣，能调节课堂气氛，强化学生的听说，让学生开口说英语，增加英语输入，让学生更快更好地运用所教的语言项目，为教学目标服务。

5. 我说你来猜

定语从句也是初中一个非常重要的语法项目，先行词与关系代词、关系副词的搭配学生经常容易弄混淆，教授定语从句时我经常用到此游戏，以小组为单位，每个小组选一件物品用定语从句描述该物品，如果描述得清晰能让其他组猜出此物品，则该小组与猜出了此物品的小组均可得分。学生为了让其他组能猜出此物品必定会不断地想定语从句来描述该物品，不断地使用，学生自然也就能 Learning is by doing。

合作、互助学习

合作学习对学生成就有重要影响。比起传统的教学方式，即学生被动地从教师那里接收信息，合作、以提问为基础的教学可以进一步提高学生参与度以及保留学习材料的积极性（安德列 . 雷德芬，2016）。为了解决新的复杂问题需要提出多种可供选择的方案时，学生间的合作往往胜过个人的努力；合作学习更符合学习心理学原理。通常，学生们在与同伴一起学习时参与度更高，并能向他人学习。在教学中笔者也经常组织学生进行合作学习，而且效果很好。合作学习可以两个人合作也可以多人合作。教师在组织学生进行合作学习时要根据不同的教学目标与任务开展多种合作学习。

合作、互助学习之一——师徒结对

师徒结对是笔者最喜欢组织的学生合作、互助学习的一种。所谓师徒其实也就是将全班学生以自愿原则，按成绩的好坏互相结对子，互助、合作学习。师徒可以一对一结对，也可以一对二等。学生师徒结对模式能调动学生的积极性， 激发学生的进取心， 增强责任感和自觉性， 有效预防两极分化。师徒结对还可以减少徒弟——“学困生”的学习压力。当他们学习遇到困难时，他们可以随时随地找到帮助者。避免了学生因性格内向或胆小，不敢问老师，致使不懂的知识越积越多，学习的漏洞变得越来越大的情况出现。除此之外，师徒结对受益更大的是“师傅”——学优生们。学习金字塔理论是美国缅因州的国家训练实验室研究成果，由美国学者、著名的学习专家爱德加 · 戴尔 1946 年首先发现并提出的。它用数字形式形象揭示了采用不同的学习方式，学习者在两周以后还能记住内容（平均学习保持率）的多少。它是一种现代学习方式的理论。在塔尖，第一种学习方式——“听讲”，也就是老师在上面说，学生在下面听，这种我们最熟悉最常用的方式，学习效果却是最差的，两周以后学习的内容只能留下 5%。第二种，通过“阅读”方式学到的内容，可以保留 10%。第三种，用“声音、图片”的方式学习，可以达到 20%。第四种，是“示范”，采用这种学习方式，可以记住 30%。第五种，“小组讨论”，可以记住 50% 的内容。第六种，“做中学”或“实际演练”，可以达到 75%。最后一种在金字塔基座位置的学习方式，是“教别人”或者“马上应用”，可以记住 90% 的学习内容。

可见学习效果最好的是教别人的人。师徒结对之后，“师傅”要去主动教“徒弟”，在教其“徒弟”的时候“师傅”又再一次将理论知识系统化，这样一来，“师傅”就会对知识的掌握更加深入。研究证明，90% 的学生在参与辅导和教授其他人知识的时候可以同时记住、强化他们所教的知识 (安德列 . 雷德芬，2016)。笔者所教的无数个学生都印证了这个道理。去年刚毕业了的邓羊羽就是其中之一。刚进明德中学时他的入校成绩并不理想，初一时，学校进行英语摸底考试也只有七十多分而已，在师徒结对中，刚刚够格分在了“师傅”阵营之中。但这个孩子作为师傅却非常认真负责，每次我布置的师徒任务，他总是最认真完成，而且对待“徒弟”认真又有耐心，“徒弟”问他的问题，他不能解决的一定要问我，弄懂了再教给他的“徒弟”，慢慢地，他的英语成绩一天天进步了，“徒弟”

也越来越对他心服口服，而他的英语学习劲头也随着“徒弟”对他的认可与崇拜越来越大。英语学习进入了一个良性循环，他的成绩也由入校的不起眼一跃到班级的前几名。中考也因为英语成绩考了139分，考上了他心仪的示范性高中。

师徒结对可以促进学生的互助合作学习，那么该怎样操作并且组织学生进行师徒合作呢？我谈谈我的一些作法。

一、选好师徒

同伴互助的前提是选好合适的同伴，笔者一般情况下，主要以平时测试成绩为参考，根据成绩的高低，将学生分为“师傅”类和“徒弟”类，让英语较弱的孩子，自主寻找英语成绩优秀的同学成为自己的“师傅”，自己拜师。不主动或找不到师傅的同学可由老师委派。师徒确定为一对一关系后，一般要坚持一个学期，不随意更改，每个学期会根据学生们的成绩再做调整。所以一旦学生结成对子就要互学、互助一个学期，两个孩子的性格和学习习惯都应是组成师徒考虑的范围，让孩子们自己拜师就避免了教师包办带来的弊端，只有性情相投，并且“徒弟”对“师傅”心服口服才能发挥师徒结对的效益最大化。师徒结对之后就要使之制度化，并制定成师徒结对规则，即“师傅”的守则与“徒弟”的守则，并且要向全班宣读规则，甚至如果有时间我还要进行一个简单的拜师仪式，只有制度化的保障才能让学生更重视师徒结对。

二、制定师徒结对目标

“预则立，不预则废。”要让师徒结对发挥最大作用，制定目标非常有必要。有了目标，师傅与徒弟才会为了达到目标更努力。每一次的师徒结对完成之后，我总是按照学生们的成绩与自愿原则给师傅与徒弟制定共同的单元考试目标、期末考试目标。在一个学期的师徒结对中，我还经常不断地提醒他们并强化他们的结对目标。

三、布置好任务

结好对子之后就要给师徒设计或布置学习任务。师徒结对互助学习可以用于课堂上也可以用于课外，笔者主要在以下几个方面设计师徒学习任务。

1. 词汇互学

词汇是学习英语的基础，没有词汇的积累想学好英语，不异于沙漠中建高楼。学习词汇并掌握好英语词汇的读音、用法非常重要。初中英语的学习任务与学习内容都要比小学的要重、要难，老师不可能花很多时间放在英语词汇上，这就要求学生自己要花时间去记、去背、去用。有了师徒结对，老师就可以布置他们互相读单词、互相背单词并听写单词。

2. 课文互背

众所周知，背诵英语课文有很多好处，背诵课文属于语言输入，课文里包括单词、词组、句型和特定的语法，学生背诵就是将这些内容输入到自己的大脑中。当学习新的语言知识的时候学生可以联系背诵的句子，加深理解和记忆。背诵课文还能强化学生的记忆，增强他们的语感。因为学生要想把这些材料背熟，必须要反复诵读。这个诵读过程能大大增强语感，对英语学习起到潜移默化的作用。此外，背诵英语课文还有助于锻炼口语能力，提高口头表达能力，利于写作。我们知道，很多学生总是因为这样、那样的原因，练习口语受到一定条件的限制，这些英语材料就可以当作口语资料来练习口语。写好英语作文离不开句子，那怎样才能写出语法正确、合乎逻辑的英语作文呢？平时大量地背诵英语课文，把那些好的英语句子熟记于心，需要的时候，就可以很容易地涌现出来，这样也就有利于写作能力的提高。

背诵有这么多的好处，但一个班四十几个人，都由老师来抽背，老师辛苦，效果也不好。而师徒结对就可以很好地解决这个问题。他们互相背，“徒弟”不会的句子“师傅”还可以教，他们互相背，态度认真，师徒都“背有所获”。在此基础上，教师只需要抽查几个学生即可，老师轻松且效果更佳。

3. 每日一练，过错题

师徒结对的最终目标是让学生互教，在互教的过程中达到对知识的内化与运用。布置学习任务能发挥师徒结对的最大化效益。为了促使每个“师傅”每天都要教“徒弟”，我每天布置一题给“徒弟”，让他们去问“师傅”，让“师傅”教他们。每次小测完，我都规定“徒弟”必须找“师傅”过错题，而“师傅”来找我过错题。过错题不是简单地说出答案就可，还必须说出原因与错因。过关任务的布置使“徒弟”不得不请教“师傅”，而“师傅”为了教好“徒弟”必须要百分百地弄懂知识点。正如《礼记》有云：“学然后知不足，教然后知困。知不足然后能自反，知困然后能自强也。”

4. 作业监督

师徒结对用在作业上有很大的作用。“徒弟”相对来说，英语较弱，老师布置的作业对他们来说会有一定的难度。在这些徒弟中，有些孩子明知不会做，但由于要面子，他们不愿意找老师或向其他同学请教。又有些孩子们性格内向，他们不敢向老师请教；与此同时，还存在这样一些懒惰的“徒弟”，不会的题目，不想问他人，宁愿空着不做。有了师徒结对就解决了这些问题。老师布置任务，让“师傅”每天都要检查“徒弟”的作业，督促并教会他们做作业。同时老师也鼓励“徒弟”不会的向“师傅”请教。这样一来，就避免了“徒弟”不做作业的现象，而且“徒弟”可以随时随地地问老师，而乐而不为？

四、制定奖惩制度，做好激励评价

师徒结对会让“师傅”因为帮助他人既巩固了自身的成绩又收获了老师同学们的赞赏，“徒弟”也会因得到朋友的帮助而取得进步，学生两极分化的现象得以缓解，慢慢地学生就会有了学习英语的兴趣。但如果让两个学生长时间不计较得失互相帮助，还是有很大困难的。久而久之，身为学优生的“师傅”可能就会觉得帮助徒弟会耽误个人的学习时间，而身为“徒弟”的“学困生”又会觉得被同学管不平等，所以制定激励评价非常有必要。没有激励评价，师徒结对就会流于形式或不能发挥最大功效。

制定激励评价制度之前必须让每个学生知道，师徒结对对师傅跟徒弟都有极大的好处。我会详细地跟“师傅”解释学习金字塔原理，告诉那些学优生们，师徒结对受益最大的其实是他们。而我也会告之“徒弟”他们有师傅的好处，他们可以随时随地找到帮助者，让他们明白了师徒结对的好处。其次，我会跟学生们一起探讨制定师徒结对的奖励评价、奖惩制度。如每次测试师徒成绩进步者师徒德育考核分各加5到10分；但如果未达目标者又要扣德育考核分5分；每一次师徒结对任务完成之后，表现优秀者都要加德育考核分2到5分，但同样表现不优秀者，如有一方投诉另一方者扣德育考核分5分，并谈话一次。一个学期结束之后，将每个学期各师徒得分进行整理总结，并评出班级最佳师徒进行奖励：期末考试进步最大的“徒弟”要在全班面前对“师傅”表达感谢或赠送一件小礼物。进步最大的“师傅”则由老师对其进奖励。

师徒互助合作学习坚持一两天很容易做到，难的是长期坚持，有了激励奖惩制度，并加强监控，量化学生之间的互助合作，刺激并激励每个参与互助、合作的学生，有了激励作用，学生才会更加乐意去合作，互助。

合作、互助学习之二——小组合作的安全感

小组合作学习兴于美国，小组合作学习能增强集体的凝聚力，并形成积极的课堂气氛，促进学生智慧和良好品德的发展。在小组活动中，学生实际获得了学习的主体地位；教师不再是课堂的单向传授知识的人，学生不再是被动的知识接受者。信息交流的方式由单一的教师讲授转变为多元的师生、生生互动的交流方式（尹刚，陈静波 2004）。由此可见，小组合作教学有利于学生主体性的发挥，有利于激发学生的学习动机和兴趣，有助于因材施教，有利于培养学生的合作精神，有利于全体学生的发展。

十几年来，小组合作学习方式在中国取得了很大的发展，许多教育、教学模式都是以小组合作为基础，如“杜郎口”教学模式、“洋思”中学模式等。英语教师也知道组织学生以小组为单位开展各种教学活动。但从实践层面看，在一些课堂中，小组合作学习的效果却还是远远没有预想的好。小组合作往往出现以下问题：热闹走过场，小组合作变成一部分学生的表演阵地，而部分学习能力较低的学生变成了看客。这部分学生会因为自己经常处于“学习低能”的评价中而缺乏自信，出于自我保护的需要，在小组中消极对待，以避免“不利评价”的再出现。同时，在小组合作学习过程中，所有成员在面对各种不同

难度的任务时，也会为避免“不利评价”而影响合作行为。学生在小组合作中缺乏合作安全感，进而影响到小组学习。

在小组合作学习中，给学生以合作的安全感，是合作成功的前提。所以笔者所要谈的是如何提高小组合作学习的安全感与如何使小组合作学习的效益最大化。

一、英语小组合作学习安全感问题产生的原因

（一）小组合作的任务不合理

适宜于小组讨论的内容主要包括这样几个方面：1. 需要通过互相启发来拓展思路的“开放性问题”； 2. 需要通过共同协作来提高课堂教学效率的“集体性作业”，这主要是指在规定时间内，学生个人不足以完成，需要进行分工合作的任务。小组合作的任务是小组讨论的引擎和推进器。在进行 Group work 时让学生进行小组合作的任务如果超越学生的实际，包括思想和心理状况、知识水平等，学生即使经过努力也达不到目的，体会不到学习成功的喜悦，且害怕在其他同学面前出丑，这就会引发学生的心理恐慌。笔者曾听过一节课，教师在上课前让学生小组合作讨论：What’s the difference between analog television and digital television? 模拟电视和数字电视的区别就连教师自己都不太明白，还没上课就让学生小组合作讨论又怎能讨论清楚？面对这样的任务，学生又何来安全感可言？唯一避免被他人嘲笑的方法就是沉默，最终小组讨论是失败的。

（二）教师对小组合作中师生、生生关系缺乏调控

小组合作中，学生是主体，教师是辅导者、观察者、调控者。但在实践中却并不都这样。许多教师把学生分成小组，小组讨论任务布置下去之后，便无事可做，要么教室四处走走，要么看一下自己的教案，而教室里面就吵得像个集市，好像讨论得热火朝天，实际上效果甚微。又或者小组讨论的时候，大家都没有话说，不知道如何开展讨论。

小组合作学习如果缺乏对师生关系和生生关系的调控，就会出现以下问题：1. 每个组都有基础相对较差的学生，这些学生在讨论中往往没有话语权，或者自己的观点往往被他人抢先说出，又或者一开口就遭到他人的嘲笑和攻击。2. 学

生在进行小组合作、小组讨论时肯定会产生这样、那样的问题，当这些问题在小组内得不到解决而又得不到教师及时的帮助时，学生就会对讨论的任务产生畏惧感，没有安全感就会导致小组讨论无法进行或者学生的参与度低、参与不均衡、学生表面参与等等。

（三）学生自身性格问题

学生性格各异，有的性格开朗而有的性格内向，有的学生自信并且喜欢在同学们面前表现自己，而有的学生自卑不太擅长公开表述自己的观点。因为自身性格问题，在小组合作讨论时，内向、自卑的学生往往就会在开朗自信的学生面前产生情感的智力安全感问题。他们缺乏勇气去表达自己的观点，常常游离于正常的教学交往活动之外。

二、英语小组合作学习中提高安全感的策略

为了解决小组讨论中因为安全感问题而引发的低效甚至无效的问题，我在实践中进行了探索，采用了以下对策，取得了较好的效果。

（一）建立有效的合作小组，营造安全、尊重的小组讨论氛围

小组是小组合作的主战场，只有在有安全感的小组中，每位同学在课堂讨论中才能发挥自己的特长，畅所欲言，参与讨论。

小组人员构成上有“同质”与“异质”之分。应建立异质为主、同质为辅的小组，而我们通常常用的是组间同质，组内异质。组建小组还要照顾到人数、性格、成绩、认知结构的合理等方面。

1. 人数方面

小组的规模要尽可能小到使每个人都有发言的机会，同时又要大到足以包含一定范围的知识面和见解。为得到最佳效果，人数应该在 4 至 6 人之间。具体的小组规模可根据讨论议题、讨论时间而定。

2. 性格方面

小组中成员应兼顾到学生各种性格，一个小组应既要有外向的学生也应有内向的学生，取长补短、互相帮助，它们所形成的互补机制，能使小组成员获得心理上的满足，也会尽可能地去消除小组成员心理上的不安全感。

3. 认知水平

建立安全的、有效的小组除了以上两个方面还应考虑小组成员的认知水平。小组成员应包括不同层次的学生，同时小组成员的认知结构也应合理化，一般情况下一个小组要同时有 A、B、C 类的学生。只有这样，当部分学生对小组合作任务不能完成时才可以最快找到帮助，消除因任务而带来的焦虑感和不安感。

（二）合理调控学习进程

小组合作中的不安全感不论是因为内因还是外因造成，教师只要发挥好调控作用，是可以在一定程度上解决的。

1. 生生关系的调控

首先教师应创造并维持一种情感上的安全和尊重的氛围。在合作之前要设定合作目标并帮助学生明确讨论的过程，以及他们为一个安全和有效的讨论氛围做贡献的责任。其次在合作中，教师应选好小组组长并对小组长进行指导，指导他们如何根据本组的实际情况，给每个成员分配角色，如何在讨论过程中调动本组成员积极参与，并维持好合作纪律，防止一些造成安全感问题的行为发生，如避免合作上的讽刺、在讨论上受到攻击，或其他不敬的行为。

其次，教师在课堂中要深入每一个活动小组，力求创造、维持一种较为宽松、安全的讨论环境，让那些胆小、内向的学生消除焦虑感，引导他们敢于大胆发表他们自己的意见，树立他们的自信心和自尊心，使他们在讨论的过程中体验成功。在请学生展示讨论结果时用轮流的办法，使得发言不是少数学生的专利。

2. 师生关系的调控

师生关系处理不好也会引发安全感问题，所以在小组合作中对于师生关系的调控要做到以下几点：

（1）在小组合作中多巡视、多给予学生帮助并关怀鼓励学生参与到小组合作中来，帮他们解决难点、降低合作焦虑感。

（2）营造和谐的师生关系，多关注缺乏安全感的学生，并在小组合作中多创设机会让他们去陈述观点，同时多表扬他们并让他们享受到被尊重、成功的快乐，这样会增强这些学生学习的信心。

3. 合作任务的调控

合作中的任务是造成安全感问题的主要因素之一。精心设计一个话题是小组讨论顺利开展的前提，所以在小组合作中我们要对讨论问题、合作任务做好调控。对问题的设计要依据维果茨基的“最近发展区”原理，有相当的难度，但又在学生合作解决范围之内。任务应是开放的但又是学生感兴趣的，能畅所欲言的。教师还应尽可能把握学生在小组合作中可能遇到的问题或难点，精心设计讨论话题，避免“有题无议”或“有议无质”的现象。如笔者在讲到环保话题时，会让学生以小组为单位讨论污染的问题，如果纯粹是就题论题学生可能觉得索然无味，但是，我在设计话题时联系实际，让学生审察一下广州本地的污染问题特别是身边“石井河”的污染，让学生找出解决该问题的方法及建设性的建议。“石井河”的污染是学生身边的事情，是他们熟悉并真实存在的，有一定的难度但又有话可说，这样安全感问题就得到了消除，小组合作的效果也就好很多。

（三）建立多层次评价体系

许多老师在对小组合作进行评价时，往往重结果不重过程，而且评价往往是单层次，要么注重集体要么注重个人。在这样的评价体系中小组会为了好的结果而忽视了部分成绩较差的学生，当这些成绩较差的学生面对安全感问题时就会被忽视。小组合作学习的评价应建立多层次评价体系，即把讨论过程评价与讨论结果评价相结合，对合作小组集体的评价与对小组成员个人的评价要相结合。

笔者在小组合作活动实践中会根据每个小组成员成绩、性格、安全感严重与否进行分层，分为 A、B、C 三层。小组合作时进行小组比赛，评价每一层次的学生的参与度和他们的参与过程，在评价时分层打分，成绩较好、小组合作参与积极的 A 类的学生虽然做得好却只加 1 分，B 类的学生加 2 分，而那些平时少开口、不开口，经常有安全感问题的学生如果小组合作中做得好能加 3 分。多层次的评价把个人和集体紧密地联系在了一起 。这样一来既能激发组内竞争，也能调动每位成员参与的积极性，打消依赖别人的思想。而为了在小组比赛中获胜、多得分，每一位小组成员都愿意参与到活动中来，小组成员都乐意去帮助那些有安全感问题的学生，并愿意创造机会让他们讨论、发言。

消除小组合作中所存在的安全感问题，就会使每一位学生都能参与到小组合作学习中，小组中的 C 类学生也愿意参与到各种活动中，而 A 类的学生也乐意去帮助他们。在帮助他人的同时，他们更加深了对所学内容的理解 。这样一来就防止了个人英雄主义、小组歧视、部分学生唱独角戏的不良现象的出现，达到小组合作学习效益最大化。

基于学生分层的差异化教学

“因材施教”是我国古代就已提出的一种处理教学中个体差异的教学原则和教学策略。早在2000多年前，我国著名思想家、教育家孔子就积极倡导并十分重视因材施教。因此这成为了我国古代教育、教学的一个突出特点和优良传统。美国心理学家加德纳提出的多元智能理论证明了人类思维和认识世界的方式是多元的，每一个人与生俱来都在某种程度上拥有八种以上的智力潜能，每个人的能力是八种智能的结合，但每个人在这八种智能的拥有量上不同，因而每个人也显示出不同的认知方式。每个学生都是独一无二的，不同的人在智能不同方面的发展水平不一样，即使是同一个人在智能的各方面也表现出不同的水平。所以在教育过程中必须尊重学生的个体差异，了解学生的能力优势，帮助他们根据自身的特点，将各方面的能力有机整合，形成每个人的核心专长和独特优势。

初中生对于英语学习的兴趣和动机不同，学习的方法也大大不同，导致学生的水平不同。如果初中英语教师采取“一锅煮”的教学方法，就会忽略学生的个体差异，不利于学生学习英语，而且会限制学生个性的发展（邓南阳，2015）。在英语教学中，如果对不同基础的学生实施同样的教学，英语基础较差、学习能力弱的学生常常“吃不消”，这势必拔苗助长，而优生又吃不饱，又会挫伤这些学生的学习积极性，所以在英语教学中，特别是大班额——一个班有四五十人的情况下，教师开展教学活动存在较大的困难，严重影响教学质量的提高。

为了提高教学质量，尽量避免以上情况出现，实施差异化教学十分有必要。教师的“教”要适应学生的“学”。学生是有差异的，因此教也要有差异。学生之间的差异又是一种可供开发利用的资源，为了利用这种教学资源，实施差异化教学最佳的方式就是分层教学。

分层教学就是根据学生的实际学习基础与学习能力进行分层，一般情况下分成三层，教学时对待不同层次的学生安排不同的方法与任务，最大化地让每一层学生都能学有所得，让每一层学生跳一跳都能摘到桃子，尝到成功的喜悦。笔者在进行分层式差异化教学时主要用到以下教学策略：

一、流动性分层

所谓流动性分层就是：第一次分层往往根据入校时的学习基础，进行首次分层，以后再根据每一次测试、学生的进步幅度进行不断调整。流动性分层可以激发学生的学习动力并给学生一定的压力，让学生明白层次并不是一成不变的，学生可以凭借自己的努力调整个人的层次，但同样自己不努力也可能会掉层。

二、目标分层

每次分层之后就要给每层的学生制定目标，有了目标学生才会有学习的动力。不同层次的要求不同，所以目标不同，如果给基础较差的学生制定考试得80分的目标，学生怎么努力都达不到，那么最后的结果就是放弃。适合每个学生个体的目标应让每层学生经过自己的努力都可以达成，每个学生的目标对每个学生的个体而言，有一定的难度但又不能太难，学生跳一跳就应可以摘到胜利的果实。每次测试之前，笔者都会一个个和学生商量制定他们的目标，达成目标了的学生就会获得奖励，如德育考核加分、小奖品等各种物质、精神上的奖励。考完之后又会根据学生的结果与表现调整分层，并再次以自愿原则重新制定目标。

三、任务分层

所谓任务分层即上课布置的学习任务与学习活动分层。每个层次的学生的学习能力与学习基础不同，所以上课时布置学习任务与学习活动时，一定要进行分层。比如较简单的学习活动、浅表性的问题布置给C类的学生；在教学中需要必要的基础知识和基本技能而且是中等难度的学习活动与学习任务给B类的学生；而难度较大，需要拓展的学习任务与学习活动就布置给 A 类的学生。上课分层往往跟小组合作结合在一起，使每个学生都能参与到学习中去而不是学习的看客。

四、评价分层

既然任务分层，那么对学生的学习评价特别是形成性评价也要进行分层。

每层的学生要求不同，每个层次完成学习任务时就要根据学生个体的完成度进行评价，而不是同一的评价标准。简单的任务对于 C 类来说，评价可以拿高分，但对于其他类学生来说就不能拿高分。要打破“统一化”的评价模式，建立多元化的教育教学评价。用多种形式的反馈，考查每个层次学生的学习情况，要对学生的点滴进步给予肯定，让每个学生都能看到自己的进步。通过评价使所有学生都能感受成功的喜悦，学习的乐趣，从而进一步获得学习的成就感，不断增强学习的信心。

五、作业分层

作业也属于形成性评价的一种，作业是对学生学习的一种及时反馈，教师可以根据作业反馈来判断学生对知识的掌握情况，又可以根据反馈调整自己的教学内容。如果学习活动与学习任务进行了分层，那么作业也要分层。只有分层了的作业才会让每个学生有能力全部完成。

在英语教学中实施分层教学，既能尊重个性，体现差异，又能激发活力，促进发展；既帮助学生克服学习上的某些心理障碍，又能避免学生被动学习的局面。激发不同层次学生的学习欲望，给每个层次的学生都创造获得成功体验的平台，增强了竞争性，能提高学生学习的有效性。

开发利用多维课程学习资源

语言学习需要大量的输入，丰富多样的课程资源对英语学习尤其重要。英语课程应根据教和学的需求，提供贴近学生、贴近生活、贴近时代的英语学习资源（2011，教育部）。英语教学的特点之一是要使学生尽可能多地从不同渠道，以不同形式接触、学习和使用英语。亲身感受和直接体验英语及英语的运用，对提高英语教学的效果有至关重要的作用。所以在英语教学中合理有效地使用教科书以外，还应积极开发并利用其他多维课程学习资源。

一、开发与利用多维课程资源的效果

1. 提高了学生学习英语的兴趣

英语教学的特点之一就是要使学生尽可能多地从不同渠道、以不同形式接触、学习和使用英语，亲身感受和直接体验英语及英语的运用。上课中，利用多种课程资源如英语电影海报、电影片段、音乐等“多模态语篇”吸引学生的注意力，促进了学生对所学知识的深刻理解，达到了增强课堂教学效益、提高英语教学质量的目的。

2. 改变了教师教学方式和学生的学习方式

课程资源的开发和利用对于转变课程功能、教师的教学方式和学生学习方式都具有重要意义。一方面，它可以超越狭隘的教育内容，让师生的生活和经验进入教学过程，使教学“生动”起来；另一方面，可以改变学生在教学中的地位，从被动的知识接受者转变成为知识的共同建构者，从而激发学生的学习积极性和主动性。同时，还可以开阔教师的教育视野，转变教师的教育观念，更好地激发教师的创造性智慧。

课程资源开发的最大价值，在于引导教师和学生真正从基于教科书的教与学走向基于资源的教与学。学生在课堂这样一个围绕教科书为中心的封闭的教学空间是难以发生学习方式的重大转变的，而教学空间和课程资源一旦拓展，教师和学生就很难延续课堂原有的教与学的方式，需要根据不同的资源，寻找最佳的学习与教学方式。同时课程资源利用和开发带来的时空观念的变化，极大地影响着教师的教学行为，这种影响有时是自觉的，有时是不自觉的，但影响的结果都很明显。让学生去创造教学资源使学生由被动变为主动，传统的课堂转变为以探究、合作式学习方式为主的课堂。而教师、学生也由单纯的执行者、接受者变为课程的创造者。

3. 有利于综合技能的全面提高

多种开放的课程资源运用到了课堂上，使学生能多方位接触英语、感受英语，同时教学方式和学习方式的转变使得学生在课堂上能把听、说、读、写技能训练紧密地结合起来，在潜移默化中得到提高，推动了学生的综合技能的发展。

二、开发与利用多维课程资源策略

1. 用“活”教材资源

教材是英语课程资源的核心，教材应编排合理而且面向全体学生。作为老师与学生必须将教材作为最重要课程资源来利用。但教材不是唯一资源，而且每个学校的生源不同，所以不适宜照搬教材，教师应该是用教材教而不是教教材。教师应根据学生的实际情况来对教材进行合理的整合与调整。按照学生的基础，难度该降的降，该整合的整合，该替换的替换，该拓展的拓展。有的单元不一定按照教材的顺序按部就班讲授，可以根据学生的实际情况和学习活动，调整学习顺序。例如，在教授牛津上海版教材的八上第六单元的 Ancient story 时，Reading 部分是学习特洛伊战争，而第二部分 Listening 是讲述的“特洛伊”战争起因，所以笔者就会将两部分调整一下，先教 Listening，再教 Reading。让学生了解整个故事的前因之后，再学习 reading 的时候学生就能非常清楚地了解整个故事。总体来说，笔者备课往往会以单元整合来备课，根据每个单元的话题与主题以及学生的学情来调整教材顺序，有时可以将阅读（Reading）跟写作（Writing）部分整合在一起，有时也可能将听（Listening）和说（Speaking）整合在一起，有时也可能阅读（Reading）与综合技能课（More practice）整合在一起。

但在此特别要提到的是：活用教材并不代表着随意更改删减教材内容，教师对教材进行取舍和调整时，不能太随意、太主观，不能一味地为了满足某种考试的需要而对教材进行不合理的取舍和调整，有的教师过于追求应试，中考要考的就教，觉得中考试卷不会有的就直接跳过不教，太过功利性，这是非常不可取，并且对学生的终身发展不利。

2. 用好多媒体资源

多媒体包括文字、图片、照片、声音、动画和影片，多媒体资源的运用特别是互联网的运用，可以使课堂教学形式更为灵活生动、内容更加丰满形象，使学生多方位接触英语、感受英语、提高学习英语的兴趣。互联网已将全世界的图书馆摆在了我们的桌台上，为我们提供了广泛的、实用的、及时的、多方位的资源。在互联网的支持下，我们的教学会变得生动活泼，丰富多彩，在日新月异的今天，教师的专业化发展也极大地得益于网络(高歌，2001)。

一部好的外文电影不但能够牢牢地吸引学生，还能让学生学到纯正地道的英语，而且还可以让学生身临其境。在教授故事性的文章时，我会经常播放一些电影片段，如教授牛津上海版教材的八上第六单元的 Ancient story，给学生播放电影《特洛伊》，在教授 The adventure of Tom Sawyer 时，放一段有关课文内容的电影片段，一下子让学生身临其境，进入到情境中。利用多媒体技术播放电影片段，能吸引学生的注意力，激活学生的兴奋点， 这种方式打破了传统教学中的时空界限。

歌曲也是一种非常好的一个学习资源。我常常会根据不同的话题，以及语法项目选择相适应的歌曲作为引入。信息技术给学生带来真实的感受，创建仿真的情境。多媒体生动，直观，让学生在真实的情境中体验、学习，改变了以往教学中单一的呈现方式。

用好多媒体要注意的一个问题是，教师在开发多媒体资源时要以教材为中心，要围绕着教学目标。有的教师为了活跃课堂气氛，为了上课热闹，经常上课放一首与授课内容完全无关的英语歌曲或视频片段，这种行为是不可取的。与教学目标和教材没有太大关系的资源，不应成为我们上课的课程资源。在开发和利用每一个课程资源时，教师都要明确它的目的，要思考：为什么去开发、利用这些课程资源？这些课程资源会对学生有哪些帮助？会对这节课有何帮助？教师不能为了追求课堂上的热闹而去开发和利用这些课程资源。

3. 善用学生资源

学生也是一种重要的课程资源，作为老师，应该积极地调动好学生的能动性和创造力，扩大课程资源库。在教学过程中，我们应该尝试把本来自己想说的东西，让学生说，把本来打算自己做的让学生做，把自己有困难的事交给学生做。如让学生通过互联网查找有关的教学背景资料；在教授英语标语时，让学生去收集身边的英语标语。当授课到牛津上海版教材九上第二单元 Great minds 时，让学生去收集名人故事并分享给同学。让学生参与到课程资源的开发上，有利于学生亲身感受和直接体验英语。学生身上蕴涵着巨大的课程资源，学生是课程的主体，从某种意义上说学生就是课程的创造者和开发者。

4. 教会学生用好工具书

好的英语学习者必备的一样利器，就是字典。遇到生词要查，遇到需要替换的表达要查，遇到“熟词生义”要查，在这样反复的查询中，词汇量就会显著增加，对英语的语感也会逐渐增强。英语学习，就是在一步一步的查询中不断升华。所谓学英语的勤奋，就是需要勤查，勤积累。字典给出一个单词的意思时，往往会有这个词的词义，并配有例句，词组搭配，同义词，反义词。学生在查字典的过程中，就是一次学习的过程。要让学生学会用好工具书，利用好工具书这种课程资源为英语学习服务。

单一的学习资源和学习渠道远远不能满足学生的学习要求，更不利于他们充分发挥各自的潜力，自然也不利于课堂教学的实效性。课程资源的开发和利用是有效教学的必要组成部分，不同类型的有效教学需要相应的课程资源作为支持，课程资源对有效教学的促进是多形式或多模式的，而且效果是明显的。两者的结合将使得课程资源开发和有效教学研究相互促进。将课程资源开发定位于促进有效教学，使课程资源的功能进一步拓展和体现，使课程资源开发更加有的放矢；而将有效教学研究放在课程资源拓展和开发的情境中，可以使有效教学扎根于课程土壤，通过课程资源改变获得教学的动力。

学生自主学习策略的培养

学习策略主要指学生为促进语言学习和语言运用而采取的各种行动和步骤。学习策略的使用表现为学生在语言学习和运用的活动中，受“问题意识”的驱动而采取的调控和管理自己学习过程的学习行为。有效使用学习策略有助于提高学生学习英语的效果和效率，有助于学生发展自主学习的习惯和能力（2018，教育部）。英语学习是一种独立的、主动的认识和发展的活动，学生应当是自我指导、自我调节和自我激励的学习者，教师应该在平时的教学中，利用多种策略发展他们的英语自主学习能力，并及时引导，积极调动学生的学习积极性，使学生能采取有效自主的学习策略。英语自主学习能力的培养是达到掌握运用英语目标的主要途径，是提高教学质量的基础(何树声，2013）。

自主学习是指学生运用自身的认识和能力进行学习的过程，包括确立学习目标、自我监控和自我评价等（许红梅，2019）。古人云：“授人以鱼，供一饭之需；教人以渔，则终身受用不尽”，作为教师培养学生的自主学习策略很有必要。培养学生的自主学习策略主要从以下几个方面着手：

一、指导学生养成良好的预习习惯

中国有句古话，“凡事预则立，不预则废”。这句话强调，不管做什么事，要事先有充分的准备，而英语课堂前的准备其实就是预习。预习是培养学生形成英语自主学习能力最有效的手段。预习实际上是学生综合运用自己的英语知识，对新的语言材料进行感知、分析、判断、思考、理解、记忆的过程。预习可培养学生的独立思维能力，因为预习是学生自己独立地接受新知识，需要学生独立阅读和思考。在预习中，学生自学，并通过自学努力找到解决问题的方法。而且预习可以使学习目标更加明确、清晰，使听课更加有针对性。培养学生自主学习策略最重要的就是要教会学生预习。

英语课前预习教师要重视以下几个方面：

1. 单词预习，自主扩大词汇量

英语好比高楼大厦，词汇就好比建造高楼大厦的砖块。没有砖块，就没有办法建造高楼。单词对学生来说在英语学习过程中是最重要的。而单词的记忆光靠课堂上 40 分钟记住是完全不可能的，单词的记忆与掌握必须要学生自主完成，课前让学生对单词与短语进行预习，上课复现，课后再巩固，单词才真正成为学生个人所掌握的词汇量。作为教师培养学生的自主学习策略的第一个要点就是要教会学生在课前进行单词预习。

首先，学生预习单词的前提是过好音标关，教师教会学生用音标自主学习单词。初一一开学笔者就会专门对学生进行音标的过关教学。让每个学生以师徒结对的形式过好音标关，并教会学生用音标拼读、记忆单词，以后每一次学单词都不断重复、强化音标。其次，上每个单元之前笔者都会布置学生查字典，对新单词进行预习。“工欲善其事，必先利其器”，器就是工具，从初一开始就培养学生查字典预习单词的习惯。用好字典查新单词，查单词的同义词、反义词、例句等，学生通过查字典不断扩充词汇量。

2. 课文预习

预习课文，可以让学生对所学的课文知识有总体的了解和认识，从而带着问题听课，使听课更加有针对性和目的性，所以英语课前的课文预习也很重要。预习课文主要是让学生在预习的过程中，发现问题，并对文章提出问题，学生上课带着这些问题，有目的、有重点地听课。

课文预习主要预习以下几个内容：第一预习文章大意，让学生了解文章大意，目的是为上课进行深层理解做好准备。在预习文章大意时，我通常会让学生自设两个浅表性问题，并让学生上课时互相提问，目的是让他们带着问题去学习课文。第二预习课文朗读，俗语说：“拳不离手，曲不离口。”拳师每天要练拳， 歌手每天要练嗓子。我们学习英语也要坚持朗读英语，只要每天坚持朗读英语，持之以恒，就能使舌头听从大脑的指挥，说出一口流利的英语。所以预习课文读音也很有必要。预习课文读音可以让学生跟着课文录音跟读，熟悉文章的语音、语调。

3. 做好预习的跟踪与督促

自主学习不是一两天就可以培养出来的。每个学生都会有惰性，所以布置了预习任务之后，对学生进行监控与指导极为重要。我通常在小组内部进行检查与监控，课前让小组长检查小组成员的预习作业，小组长用登记本对每一位成员进行跟踪。下课之后组长再将预习情况及时反馈给老师。老师对预习作业做得较好的学生进行奖励，同时又对预习作业做得不好的学生给予批评。

二、指导学生做笔记

俗话说："好记性不如烂笔头。"自主学习另外一个特征就是会做笔记。不少的学生对于做笔记这种行为表示不能理解，想着只要心里记住就行，笔记有没有记都不重要。但是，没有记在本子里面的内容，你又能记住多久呢？总有一天你记住的东西会随着时间的流逝逐渐忘记。记录就是一个学习的过程，对于比较懒散的人来说，记录能够强迫自己主动学习，在记录的过程中，记录者可以更加积极地参与到学习中来，学生在记录的过程中需要加工信息，记笔记训练学习的逻辑思维。在课后，学生们还可通过课堂笔记对所学的内容进行复习。

记笔记是无数同学和老师经常强调的方法，然而很多学生却不会做学习笔记，做笔记不仅没有帮助到学习反而影响了学习的效率。有的学生整堂课都在做笔记，不会记重点，整节课都在记录老师的板书跟 PPT，反而没有认真听老师所讲的重点跟难点。整节课下来，做笔记看上去很忙，但自己却没有听课，课上老师所讲的内容并没有消化多少，只留下一堆笔记。还有的虽然不是流水账，什么都记，但却做了筛选，只选择记自己感兴趣的部分写。还有些学生的笔记不是记录老师解答问题的方法，而是抄答案，抄结论，成了备忘录……更有甚者，做笔记随心所欲，字迹潦草，没有专门的笔记本，笔记也不系统，甚至几科都用一个本子做，做完之后就丢到一边，偶而他拿出来看，估计他自己也看不懂。

由此可见，培养学生的自主学习策略，教师要教会学生做笔记。

1. 准备专门的笔记本，同时准备几种不同颜色的笔。教会学生记笔记时用不同颜色的笔去突出上课重点，同时区分不同的内容。

2. 笔记不用面面俱到，教会学生记重点和难点。并且笔记要条理清晰、一目了然。同时教会学生用一些方法提高笔记速度。如建立一套适合自己书写的符号，又比如教会学生用思维导图或地图来记关键词。

3. 记笔记与听课是相辅相成，听课是记笔记的前提条件。不能因为记笔记而忘记听课。要教会学生正确处理两者之间的关系。学会听，再学会记。

4. 不时抽检学生的笔记，并引导学生经常翻看笔记。

三、指导学生学会纠错，整理错题

学习中，大部分学生都会有这样的体会：许多题目老师讲过了、自己也做过了、考过了，有的还不只考过一遍，最终还是错了，这些错题的背后，往往隐藏了学习过程中所产生的漏洞。那么如何弥补这些漏洞呢？凡是善于总结失败教训的人往往比别人多一些接近成功的机会，正所谓“失败乃成功之母”。学会改错并整理错题集不失为一剂良药。

那么该怎样做呢？我通常会如此指导学生对错题进行更改跟整理：

1. 作业及时改错

每天布置的第一项作业就是改错。学生要准备三种笔：铅笔、红笔跟黑色的笔。学生要用这三种不同颜色的笔，对作业中出现的错题及时在作业本上进行改错。而且教师每天改作业之前首先要检查学生是否及时改错，并时刻告之学生改错的重要性，狠抓作业纠错，保证错题能日日清。

2. 定时整理错题集

在每天作业改错、纠错的前提下定时整理错题本。把每次考试、作业中的错题记录下来，除了要更正答案外，还应该加上自己的分析。为了节省时间，也可以直接在试卷上用不同颜色的笔改正错题并在合适的地方加上附页，加入自己的分析并分类保存。错题整理应分为三步：第一步是将正确的思路顺一遍，第二步是将自己原先错的思路和正确的思路进行对比，找到错误的或没有想到的地方，第三步是分析错误的原因，是因为基础知识忘记了还是思路错了，是审题方面的原因还是做题规范性的问题。如果是因为基础知识的缘故，那就马上对相关知识进行巩固记忆；如果是因为思路错了，那就分析一下，这个问题思考的切入点在哪里，也就是从哪里入手，然后怎样进行一步一步的分析等等。尤其要强调的，是把错误的原因和分析的结果写在整理的错题的后面，既可以加深记忆，还有利于以后的查看反思。

3. 充分用好错题集，定期翻看

错题本不是只将错的习题记下来就完事，教师还要指导学生经常在空闲时间或者在考试前复习的时候，拿出错题本浏览，甚至有些错题不妨再做一遍。所以我经常会让学生用铅笔来记录错题的答案，目的就是让学生有空可以再做一次。这样就可以将每一道错题都发挥出它最大的效果

四、指导学生自主阅读

俗话说，“阅读者得天下”，阅读不论是在教学，还是在考试中，都是占着非常大的比例，教会学生阅读并且提高阅读技能非常的重要。但是阅读技能的提高，光靠课堂上的40分钟是无法完成的，课后的自主阅读变得尤为重要。学生在自主阅读过程中，只有不断地深入阅读，大量地广泛阅读才会潜移默化地提高英语成绩和阅读技能。

培养学生的自主阅读需要做到以下几点：第一，自主阅读，需要长期的坚持，所以老师必须要对学生的自主阅读进行引导。第二，学生进行自主阅读的读物选择也需要教师进行引导。第三，要引起家长与学生对自主阅读的重视，所以布置自主阅读任务并做好监控也很有必要。

我经常这样培养学生自主阅读：

1. 给学生布置自主阅读任务

没有任务，光靠学生自觉每天自主阅读，几乎是很难做到。学生毕竟还只是孩子，他们会有惰性，坚持一天可能做得到，但长期坚持几乎不可能做到。这时候就需要老师来调控。 我会每天都布置强制性的阅读任务，作为每天的家庭作业。

2. 分层选择自主阅读读物

自主阅读要注意学生读本的选择，因为一个班四十几个学生的层次各有差异，在大班额的情况下，有的学生的英语基础比较好，而有的学生基础比较差，

如果大家都选择相同的读本，学优生会觉得读本太简单，对他个人的能力没有突破而没有兴趣阅读。基础较差生也会觉得读本太难无法阅读甚至读不下去。所以不能所有的学生都读相同的读本。否则自主课外阅读就形同虚设，也达到不了提高学生阅读技能的目的。课外自主阅读需要分层，我会根据学生的情况来给学生选择他们适合的自主阅读读本：成绩基础比较好的推荐他们阅读名著或者原汁原味的外文杂志；对于中等的学生，我会引导他们阅读与他们基础相匹配的一些阅读材料或教辅资料上阅读理解、小短文等等；而基础较差的学生让他们选择低于他们年级平均水平的阅读文章，甚至让他们阅读一些小学的绘本。不同层次的学生选择不同水平的阅读文本，才会让每一层次的孩子乐读，而学生只要肯阅读他们就一定会有进步。

3. 布置读后作业

自主阅读不是让学生读完之后就没有了下文，既然要阅读就要布置相应的阅读作业。通常我会根据学生的阅读层次跟阅读任务布置不同的阅读任务。学优生会布置读书笔记或者让学生写读后感；中等的学生，会让学生完成阅读理解或摘抄一些好的句子；而对于基础较差的学生，就只给他们布置抄一些在他们阅读绘本中遇到的不会的单词。

五、利用信息技术做好自主学习

互联网上有着丰富的资料来源，老师和学生都要学会利用有用资源。合理地利用网络资源，能极大地补充课堂教学，不但能满足不同层次学生的个性化学习需求，还能激发学生主动学习的兴趣。其次，网络世界是信息的大千世界，资源无限，应有尽有，各取所需。网上资料不可胜数，网络学习突破了书本知识和课堂学习的局限性，扩大了自主学习的时空范围。教师可以根据学生的学习需求，引导他们制定适合自己的学习策略，并根据学生的时间和地点安排学习，培养语感。

但有的老师和家长们一提到网络总有这样那样的顾虑，觉得孩子只要上网就会沉迷其中，并且总是认为信息技术、网络会对他们的学习有着负面效应。其实万物都会有双面性，网络只是一个工具而已，网络无所谓好坏，关键是使用网络的人。用得好，信息技术、网络资源对英语学习将会有极大的帮助。学生的自控力相对还较差，这时候就需要老师跟家长的监督与管理。如何在学习过程中培养学生获取、分析、处理信息的能力，教师的参与、帮助、辅导的整合作用是必不可少的（余武，2001）。首先，做好网络资源与信息技术的筛选指导。根据学生的学情推荐相应的网络资源与信息技术。市面上有太多的英语学习软件，有各种各样的APP，有专门背单词的，有专门阅读的，有训练学生听说的，还有各种配音APP，种类太多而且良莠不齐，这就需要教师帮学生进行筛选。其次，要跟家长沟通，严格控制他们使用电脑和手机的时间，避免长时间使用对孩子的视力跟健康造成影响。

六、指导学生学会反思

自主学习策略的最后一个方面就是要培养学生学会反思，一个人只有学会反思他才会在反思中不断地进步和成长。学生学会反思才能发现他们自己的问题，发现问题才能够采取措施加以补救，成绩才会有所提高。

1. 考试完之后写反思

每次考完之后，不论是大考还是小考，我都会安排学生写反思，写写他们考试中的得与失以及失分原因，学生深刻剖析试卷并反思学习情况。只有不断反思才能找到失分的原因，才能避免以后犯同样的错误。

2. 单元自我评价

每个单元学完之后都会让学生填写单元自我评价。评价内容从知识点到学习策略、学习技能以及学习效果。学生在自评中可以反思一个单元的学习状态与学习效果，及时调整学习态度以及及时查漏补缺。

3. 反思积累本

为了让学生养成良好的反思习惯，必要的措施必不可少，反思积累本就是一个非常好的措施。每一周，笔者会让学生对本周的学习情况进行反思与总结，并写在本上，同时也将自己不会的知识点或需要问我的问题写在本上交给我。我批改之后再发下去，不仅让学生成功地对自己的学习进行了总结与反思，同时也让他跟我进行了近距离的交流。

顺口溜在教学中的妙用

顺口溜的特点是语言简短明了，语句押韵，读起来朗朗上口，易读易记，使教学更生动形象，便于学生记忆理解，学生乐于接受（奚超，2017）。初中学生好奇心强，注意力相对不容易集中。而英语学习中又有太多难点与重要知识点必须靠记忆，学生强记却常常记不住。而顺口溜通常语句短、节奏感强、朗朗上口易记住。在英语课上，一些学生常易弄混淆的难点，教师将这些知识点编入顺口溜，既可以活跃课堂气氛，又能使学生乐学、好学，最后使枯燥的知识变得简单、明朗、生动。学生在玩的过程中，自然而然地记住了这些比较难的知识点。笔者经常在教语音、词汇还有语法时用到顺口溜，效果还是非常好的。

一、语音教学中的顺口溜

1. oo 的发音

曾经在教字母组合 oo 的发音时，有的时候发长 /u:/，而有的时候又发短 /u/，学生经常弄混淆，但是我编了顺口溜：

d, k 前面发短 /u/，

其余一般发长 /u:/，

教室，羊毛，脚例外。

（备注：也就是 classroom, wool, foot 虽然不是以 d, k 结尾的但却发短 /u/。）

2. 国际音标

音标是学好英语的基础，但国际音标有 48 个，学生总觉得记不住，这时，我用了顺口溜：

单元音共十二，四二六前中后。

双元音也好背，合口集中八个整。

辅音共计二十八，八对一清又七浊，

四个连对也包括。有气无声清辅音，

有声无气浊辅音，发音特点应掌握。

3. ed 的读音

动词加ed的读音确实也有一点儿难度，但仔细研究下来并不难，ed的发音主要是看ed前面的动词原形末尾的最后一个音，如果是清辅音，则ed发清辅音/t/，如果是浊辅音，则发浊辅音/d/，而如果是以字母t和d结尾则发/id/。为了学生更好记忆，我给了他们一个口诀："清清一起，浊浊一起，遇见t、d发/id/。

二、词汇教学中的顺口溜

初中英语中有些词的变化形式相似，学生在区分这些词时也经常出错，这时候用一些顺口溜就可以让学生轻而易举地记住了区别。

1. 基数词变序数词

在教基数词变序数词时，我借用了网上老师编的顺口溜给学生，学生在变序数词时错误明显少了很多。

基变序，有规律 词尾加上 –th;

一、二、三，特殊记，词尾字母 t,d,d （即 first, second, third）

八去 t，九去 e，（eighth, ninth）

ve 要用 f 替；（fifth, twelfth）

ty 将 y 改成 i，th 前面有个 e。

若是碰到几十几，

只变后面就可以。

2. 名词单数变复数

名词变复数，有些是不规则的，而有些又是规则变化的，让学生都记住有一定的难度，学生死记也总是出错，但如果编成顺口溜记起来就方便多了。如让学生记忆各个国家的人的复数时，我用到了以下顺口溜：

中日不变，英法变；其余各国加 S。

也就时说中国人（Chinese）和日本人（Japanese）的单复数一样，而英国人（Englishman）和法国人（Frenchman）的复数要将词尾 man 变为 men。而其他国家的人就是按规则变化在后面加 S，如德国人（Germans）

f(e) 的单词变复数时，有的变成 ves，但有的又是规则变化的，学生也常易弄混淆。这时候让他们记住这样一句话："小偷和妻子拿小刀和树叶去宰羊，羊被劈成了两半，挂在了架子，结束了生命。"也就是 thief（小偷），wife（妻子），knife（小刀），leaf（树叶），half（一半），shelf（架子），life（生命）这几个单词的复数要改 f 或 fe 为 v 再加 es.

3. 单词教学

单词教学一般来讲很枯燥，但假如运用顺口溜就大不一样了，学生喜欢说，并且很快能记牢，反复地复习几次后就基本不会再忘记。比如：在教学身体部位名词时，我就用了一个顺口溜：hair 长在 head 上，mouth 长在 nose 下；眼睛 eye 用来看，耳朵 ear 用来听；写字要用 hand，走路还要用 foot。并让学生指着身体部位说，学生记得又快又牢。

在教学方位名词时，让学生边用两手表示方位，边说顺口溜：in 在里面，on 在上面，under, under 在下面；between 站在两中间，beside 应该站旁边，behind 跟在最后面。实践证实，即使隔了很久再跟学生提起这个顺口溜时，他们还能准确说出来。

另外，还有些单词非常相似，学生极难区分，如 sometime, sometimes, some time，这几个单词无论从读音，还是字面上都容易混淆，我们就可以用一句顺口溜来将他们区别开来。"一起是某时，分开一段时间，有时带 S。"也就是说，sometime 是某时，分开成两个单词 some time，意为一段时间，加了 s 就意为有时。这样，学生就很容易区分这几个单词的不同了。

三、语法教学中的顺口溜

顺口溜被用得最多的还是语法教学，语法项目中有许多语法规则必须要让学生记住，只有记住了再使用时才不会犯错。但这么多的语法规则光死记硬背，很多学生今天记了可明天又忘记了。但如果将这些语法规则编成顺口溜，朗朗上口，学生自然就会很轻易记住了。

1. be 动词的用法口诀

我用 am，你用 are，is 连着他，她，它；

单数名词用 is，复数名词全用 are。

变疑问，往前提，

变否定，更容易，not 加在 be 之后。

2. 时间介词的口诀

时间介词学生也容易弄错，编了顺口溜效果就好很多：

年、月、周前要用 in，日子前面却不行；

遇到几号要用 on，上午下午又是 in；

要说某日上下午，只能用 on 不用 in；

午夜黄昏须用 at，具体时间也用它。

3. 时态中的顺口溜

做一般现在时语法题时，学生遇到主语是第三人称单数时，动词谓语总是不记得变成第三人称单数，于是我给了他们一句口诀：“一般现在时，三单配三单，其余人称用原形。”也就是说，主语是第三人称单数时，动词谓语就要用第三人称单数，而其他人称如第一人称、第二人称跟第三人称复数做主语时，谓语动词就用原形。

4. 形容词与副词的比较级与最高级

形容词与副词的比较级跟最高级的用法一直是初中阶段最重要的语法项目之一，内容比较多而复杂，但如果让学生记住这个顺口溜就变得很简单了。

两者之间用比较，三者以上最高级；

看见 than 用比较，

much, a little, still , even ,far

后面要用比较级。

of, in 表范围，句子要用最高级。

学生背了之后，只要一看到两者就知道用比较级，三者之间进行比较就用最高级，在句子中看到 than 就用比较级，遇见 much, a little, a lot, still, even, far

这些词，后面的形容词自然就用比较级。这样一来，形容词与副词的比较级跟最高级的用法就牢牢地掌握了，也就减少了错误。

5. 有关非谓语动词的顺口溜

非谓语动词不论是动名词还是动词不定式的用法都没有太多规律可记，有些动词只是习惯上后面要用动名词或动词不定式，这样一来就给学生带来了很大的难度。为了让学生更好记忆，我将初中阶段最常考的非谓语动词编成了顺口溜，让学生背，学生很快就可以记住。

后接动名词做宾语的动词的顺口溜

禁不住建议承认不否认，

三个喜欢更喜欢；

完成练习不繁忙，

保持介意去盼望，

介词后面用 doing。

也就是这些词：can't help（禁不住），suggest（建议），admit（承认），deny（否认），喜爱（enjoy），喜欢（like），喜欢、爱（love），更喜欢（prefer……to……）；完成（finish），练习（practice），忙于做……（be busy），保持（keep），介意（mind），盼望（look forward to）后面要接动名词做宾语。

动词不定式的顺口溜

有些动词后接动词不定式做宾语补足语要省略不定式符号“to”，为了让学生记住这些动词，有了顺口溜就好记多了。

一“看”二“听”三“感觉”，

四“使”五“让”六“帮助”，

后接不定要省“to”。

省“to”的不定变被动，

省的“to”要补上。

其中，一“看”二“听”三“感觉”，四“使”五“让”六“帮助”，分别指的是感官动词 see, watch, hear, feel 和使役动词 make, let, have, help, 这些词后面要接省“to”的不定式，其实也就是要用动词原形。但省“to”的不定式变被动时，省的“to”要补上。这句话意思是如果这些省“to”的不定式要变成被动语态时，就要将原来省的“to”补上，例如，see sb do sth. 变成被动就要变成：be seen to do sth.

6. 反意疑问句顺口溜

反意疑问最有趣，陈述句后加问句；

前肯，后否；前否，后肯；

主句只能用代词。

也就是说，一个陈述句后加一个小问句构成了反意疑问句，前面陈述句如果是肯定句的话，后面的问句就一定是否定形式的问句；如果前面陈述句是否定句，那么后面的问句就一定是肯定形式的问句。而且后面的小问句的主语一定是人称代词不能是名词。

7. 直接引语变间接引语

直接引语变间接引语时，学生认为最难、最容易出错的是人称的变更，但当编成一句口诀让学生记就变得十分简单了。

直接变间接，人称怎么变?

“一随主，二随宾，三不变。”

这句顺口溜中的一主、二宾、三不变的意思是指：“一主”指的是如果直接引语中是第一人称变为间接引语时，要和主句中主语在人称上保持一致；“二宾”指直接引语中的第二人称变为间接引语时，要和主句中的间接宾语保持人称一致；“三不变”指的是直接引语中的第三人称变为间接引语时，人称不变。

总之，在英语教学中给学生编一些顺口溜，既有趣，又会让知识点更容易记住。学生记得轻松，学得简单，最终达到提高英语学习效率的目的。

有趣的英语活动

我们知道兴趣是最好的老师，学习兴趣是学习动机中最现实、最活跃、最带有情绪色彩的因素，是引起和维持注意的内在因素。教师应该时刻把引起和增强学生的兴趣放在心中。除了在教学上要追求多样性，因材施教，在课后我们也应该组织各种各样的有趣的英语活动，增强学生学习英语的积极性。

只是积极依赖课堂教学是根本无法完全让学生掌握必要的基本知识和形成应有的英语运用能力，而必须辅以适当的课外活动来巩固课堂教学成果，激发学生的后续学习热情。有趣的英语课外活动有很多种，学校可以利用自身的实际情况开展各种各样的英语活动。这么多年，根据学校的实际情况，归纳起来，笔者学校开展的英语课外活动有以下几种：

1. 英语校本课程

利用学校的第二课堂组织学生开展各种英语活动，开设有关英语的校本课程，例如举办英语电影赏析，中外文化的对比研究等等；请外籍教师进学校开展英语报告会，做有关英语国家的历史、地理、风俗习惯等方面的报告。同学们抓住一切的机会跟外籍教师进行交流；请本校的在校生和校友中的英语学习成功者进行经验交流与分享等。

2. 竞赛活动

英语竞赛是发展学生运用英语的能力，激发学生学习英语热情的有效手段，竞赛不仅激发学生的英语学习热情，还可以增强班集体凝聚力。根据每个年级的特点，我们会经常举办一些竞赛活动，例如开展各种各样的口语比赛：初一时，举办英语诗歌朗诵比赛，初二学生举行英语歌唱比赛，初三举行英语演讲比赛等；除此之外，我们还进行了各种英语笔试竞赛：如英语的阅读比赛、读写能力竞赛等等。

3. 游戏活动

为了增加学生学习英语的兴趣，我们经常在圣诞节组织学生进行圣诞游园活动，在游园活动里设置了很多的游戏项目，有猜英语单词、猜字谜、英语朗诵等等，学生在游园活动中边玩边学到英语知识。

4. 开设英语活动课

不定时地抽出一至两节课作为英语活动课。在活动课上，笔者经常组织学生学唱英文歌，或者对某个话题开展小组辩论赛等。

实践经验证明，外语教学的成败跟学习外语的环境和课外学习的条件有密切关系，这就需要课外多创造外语环境，多给学生提供接触和使用外语的机会，因此开展外语课外活动，就具有十分重要的意义和作用（章兼中，1999）。笔者开设了这一系列的英语活动不仅提高了学生学习英语的兴趣，而且让学生在快乐中学习了英语，运用了英语，用英语做事，最后掌握了英语。

生动课堂、“趣智教学”小妙招

生动（VIVID）课堂是因为“趣智教学”才变得更加生动。趣智首先就是要有趣，也就是教师要想尽办法让自己的课堂变得有趣，让学生喜欢上英语。兴趣是最好的老师。除此之外，教师要有智慧，只有在教学中有智慧才会更好地处理教学中所发生的问题，才能有智慧地处理教学上的一些小的细节，而这些小细节又反过来让你的教学更加有趣，更加有效，学生也才会更喜欢上你的课堂，生动课堂也才会更加“生动”。二十多年的教学，笔者常常用一些小妙招让英语教学更加“生动”起来。

我来当老师

学习金字塔原理告诉我们要尽可能创造一切机会，给学生教的机会，让学生互教，让他们在互教的过程里，不断地反思自己的学习，不断复现所学的知识，最终获得学习上的进步。给学生教的机会，给学生创造教的机会就是一位有智慧的教师应该做的。

为了给学生更多教的机会，我经常会开展一些学生上课的教学活动。每一个单元结束之后，我都会让学生以小组为单位，自制 PPT，让他们自己进行单元复习归纳，然后会花一节课的时间，将这节课交给学生，让学生们上复习课。上完复习课之后，再让学生对每个小组的复习课进行评价，评比选出最佳小组。刚开始开展学生上课的活动时我还有点儿担心，担心浪费时间，学生不认真准备，复习内容又不够全面，没有效果。但是出乎意料，让学生上复习课深受学生的喜爱。又因为有了小组评比的竞争，每个小组都格外认真，他们准备的 PPT 非常的精美，而且单元的复习内容很详细。学生们在备课的过程中，他们互相帮助，还主动自发地查阅很多的教辅资料，私下里互相研究整个单元的重点、难点。在整个备课的过程中，他们就已经复习了整个单元，而且非常详尽。在上课的过程中，学生们又都得到了锻炼。对每个单元的知识点，我讲过的复习到了，我没讲到的他们也自主复习了，比我来上复习课效果要好很多。学生对于他们自己上复习课非常感兴趣，他们总是想挑一下其他小组上课的毛病，上课时注意力十分集中，也格外认真。

2014 年 5 月 6 日到 5 月 16 日，我因为参加广州市“百千万名师培养”工程，需要前往北京大学参加为期 10 天的培训，当时正值中考前一个月。作为两个班的英语老师真担心，还有一个月就要中考了，而我这 10 天又不在学校，会影响孩子们的学习。想请假，但是教育局又不准请假，而学校其他老师又各有自己的教学任务，一个萝卜一个坑，又没人给我代课，怎么办？ 10 天不上英语行不行？最后，我灵机一动，决定将这 10 天交给孩子们自己，让学生们来上课。我首先说服了领导，让他们支持我的想法，又跟年级组长跟另外一个班的班主任沟通，让他们能关注上课的纪律。于是再跟学生沟通好，让他们也支持他们的同伴为他们上课。俗话说，“万事俱备，只欠东风”。因为已经接近中考，中考复习已进入了第二轮，英语课基本上是语法复习课，复习各语法项目和语言知识点。于是，我将这 10 天的教学任务，要复习的各语言知识点化整为零，将它分解成每天要上的内容，然后召集两个班的英语课代表伍文杰、黄嘉欣和两个班各小组的小组长来办公室，将每天的教学任务分配给各个小组和课代表。并要求课代表每天布置作业、对学生进行课堂听写，同时小组长还要每天及时检查作业。而我提前将两个班的英语课代表作业进行了检查，并给了他们正确答案。虽然他们信心满满，让我放心，但我还是心存疑惑地离开了广州。

10 天之后回到学校，通过各老师跟学生们的反馈得知，这 10 天，学生表现很好，他们上课认真，不光完成了我所交待的所有的语言知识点的复习，各个小组成员也分别上了复习课，每天都进行了课堂听写，作业也能准时完成。10 天回来之后，学生并没有因为我不在学校而影响了英语学习，甚至两个课代表学习更进步了，班干部工作能力也提高了。事实证明，让学生上课是非常有效的。这一届的学生中考成绩不仅没有差，而且比平时还有进步，中考成绩非常优异，两个班的中考英语平均分远远超过白云区跟广州市的平均分，两个班的课代表的成绩也都达到了 140 分以上。伍文杰考入了广州市广雅中学（广州市市重点），黄嘉欣也考入了广州市培英中学（广州市白云区区重点）。特别是伍文杰三年之后的高考，又考上了华南理工大学。高考完他回校看望我时对我说，“向老师，您是我 12 年学生生涯中遇到的最好的老师。”他告诉我 2014 年的中考前的那 10 天的上课经历对他的学习有非常大的帮助和影响。

作业的小窍门

家庭作业是课堂作业的延伸，给学生布置家庭作业的目的是让学生对当天所学知识进行进一步巩固，并起到查漏补缺的作用，最终达到提高个人学习的效果。但是目前，在很多一般的普通中学里，学生不完成家庭作业是一个普遍存在的问题，特别是那些缺乏学习动力的学生，他们不了解家庭作业的用处，他们的作业不能独立完成而且他们抄作业现象也十分普遍。那怎样让学生愿意去做作业，这就是我们老师应该想的办法。那么该怎样让学生愿意写作业呢？我觉得教师在布置家庭作业时要保证作业能够引起他们的兴趣，因为兴趣是最好的老师。

这一点看起来很简单，但是实际上要布置却有足够的难度，教师布置的作业要让学生愿意去做，能够让他们有兴趣，并且愿意主动地完成家庭作业，必须要按需分配。因为只有学生需要的，并且他觉得会对他的学习有帮助的，只有他们觉得作业是为他们自己做不是为父母、为老师，他才会愿意做。如果完成了作业之后学生能够收获到自豪感跟成就感，那么今后他就更加愿意主动去完成作业，正如马斯洛需求层次理论一样。马斯洛理论把需求分成生理需求（Physiological needs）、安全需求（Safety needs）、爱和归属感（Love and belonging）、尊重（Esteem）和自我实现（Self-actualization）五类，依次由较低层次到较高层次排列。在自我实现需求之后，还有自我超越需求（Self-Transcendence needs）。每个人都潜藏着这五种不同层次的需要，但在不同的时期表现出来的各种需要的迫切程度是不同的。人的最迫切的需要才是激励人行动的主要原因和动力。人的需要是从外部得来的满足逐渐向内在得到的满足转化，而且高层次的需要比低层次的需要具有更大的价值。热情是由高层次的需要激发。人的最高需要即自我实现就是以最有效和最完整的方式表现他自己的潜力，唯此才能使人得到高峰体验。所以让学生能感受成功，能进行自我实现体验，才会让学生愿意做作业。

怎样才能让学生感受到成功的体验，我认为布置作业就应该要有几个特点：

1. 按能力级别布置作业

学生基础不同，能力各异，所以作业也要分层，不能所有的家庭作业一刀切。成绩好的就要少布置一些抄抄、写写的没有技术含量的作业，作业要对他们的学习起到查漏补缺的作用，是他们真正所需要的，否则作业对这些孩子起不到进一步提高巩固的作用。而基础较差的学生就要布置多一点儿基础题，只有打好了基础、夯实了基础才能进一步提高。所以笔者布置作业就时常分层，A 类的学生多布置能力题，多做一些阅读题、多写作表达个人观点等，而基础较差的学生多布置一些记背单词、短语的作业，尽量做简单一点的阅读题。作业都在学生能力范围之内，如果他们都能完成，学生就没有借口不做作业。

2. 作业要有一定的难度

无论什么等级的学生，教师布置的作业，都要有一定的难度，要有一定的挑战性，要让学生能跳一跳就能摘到苹果。如果任务太简单，学生会感到无聊，例如给成绩好的学生布置抄抄、写写的作业，学生会感到这项作业浪费时间。但是如果布置得太困难，他们不会做自然也不愿意去做。家庭作业其实是课堂作业的延伸，学生应该事先就知道如何完成，并且作业有一定的挑战性，做完之后会有成功感，但又不能太难，太难就会让学生放弃完成作业。

3. 给学生一定选择权

作业应该可以是有选择性的，选择是一种不可思议的有力动力，所以也应该包含在家庭作业当中。当教师赋予学生一定的权力，让他们选择自己的作业，比如说可以布置两份作业，让学生在两项作业中选一项完成，学生就会觉得他们更有主动权，也就愿意做，并且也找不到不做作业的借口。例如有时候，在布置巩固英语单词的作业时，常常布置两份作业，一份是查字典、并抄写字典中的例句；另一份是新词造句，用新词编故事等，然后让学生按自己的需求来选择完成作业，学生有权选择自己喜欢的作业，作业完成率自然就提高了。事实表明：当我们给予学生一定的现实意义上的权力，可以让他们更容易获得经验或成功。通过给予他们一定程度上的自主权和选择权，保证他们的努力能够得到承认和肯定；一旦这些努力取得成效，就可以再次让孩子们感受到自己的价值，也能提升他们的自信，帮助他们相信自己完全有能力去尝试和完成学习上的所有任务。

4. 养成作业登记的习惯

从小学开始，老师就会让学生将作业登记下来，每个小学生都要有作业登记本，但是上了中学之后，反而有些老师对此却不做要求。学生就经常找借口说不记得有什么作业。好的习惯就应该保持，我会让学生在离开教室之前，把作业清楚的记录下来，而且还告之父母作业内容，并让父母监督学生，这样子就消除了我不知道是什么作业的借口， 同时有了家长的监督，作业完成率自然就提高了。

课前三分钟

活动是学习的载体，当“做中学”与语言学习联系在一起，就成为一种注重实际运用的交际教学法，在教学活动中，教师围绕特定的交际和语言项目，设计出具体的，可操作的任务，学生通过表达沟通，交涉，解释询问等各种语言活动形式来完成任务，以达到学习和掌握语言的目的（焦晓骏，2011）。课前三分钟活动就是一个非常好的运用语言的一种活动。

所谓“课前三分钟”指的是在上课前的三分钟，教师所设计各种口语活动。然而很多老师却认为课前三分钟并不重要，甚至忽视这课前三分钟，有的老师课前三分钟是用来朗读单词，有的老师是安抚纪律，又有的就是直接用来听写。白白地浪费了这三分钟。我们知道英语是交际的语言，但学生真正使用英语的并不多，而且在课堂上主动自主发言就更少了，作为老师就应该给学生提供更多的机会去发言，表达自己的观点，给学生更多的机会开口，开口说英语。很多的学生他们的语法、阅读都很好，但往往不敢开口，这也就是我们所说的哑巴英语，而这种情况虽然近些年有所改善但还是比较常见。所以说老师应该在课前充分的利用好这三分钟，给学生创造机会去使用英语。其次，我们知道学生在上课的过程中会遇到这样的问题，由下课休息时间转入上课对知识的接受，从一个科目转入到另一科目的接受。学生无论是从生理还是心理上，都需要一定的过程，而课前三分钟活动就可以引导学生进行不同思维方式的相互转变，从而达到让学生集中注意力，为接下来的课堂学习提高效率。最后，形式多样的课前三分钟也可以增加学生的学习兴趣，对这一节课的积极学习起到了非常好的作用。

课前三分钟可以有很多的形式，教师可以根据自己班学生的特点设计不同形式的课前三分钟活动，笔者经常用课前三分钟活动有以下几种：

1. 讲故事

以轮流的形式，让学生在业余时间准备一个小小的故事，并且还准备一到两个与故事相关的问题。先让学生在同学们面前讲此故事，然后就故事内容再问其他同学事先准备的两个问题。

2. 发布一则新闻

以小组为单位用英语发布一则新闻，或用英语给其他同学们介绍些新闻事件，然后再准备一到两个问题与其他同学们交流对新闻的看法。

3.hot seat

hot seat 就是 the student in the hot seat，这个活动可以学生轮流做，也可以以小组来做。通常由一位同学或一个小组来主持一个话题如 Hobbies（爱好），然后全班同学就这一话题向他提问。如果被提问的同学实在不会回答，可以向其他同学或老师求助，因为提问的问题未知，同学之间存在交流信息差，所以提问通常是比较踊跃，而且交流具有真实性，相互都能够有所收获。

积分卡

英语教学中教和学，都存在着期望，教师要注意激发学生学习的内驱力，使之产生要学的欲望，这种欲望本身就是一种动力，而要学好就是一种期望，只有使学生感到学的行动，将会有助于达到学好的目标的情况下，学生才会被激励起来，认真努力的学。学生通过努力取得一定的成绩，教师就必须对这种成绩给予一定的奖励，但奖励要有层次，要因人而异，因成绩程度而论。教师对学生的表扬要根据学生的需求而决定，不同的人要采取不同的激励方式。是物质奖励还是精神奖励还要看这种奖励是否与学生的需要相互结合，有的学生需要老师的表扬，有的以获得证书为满足，而有的则以自己学到真正的语言知识和英语的交际能力而被他人承认为荣。

学生需要被老师肯定，被表扬，但表扬与奖励不能滥用、乱用。所有的表扬与奖励必须要学生经过一定的努力积累获得，如果轻轻松松就能获得奖励，那这种奖励就不会被学生珍惜，也不会被学生重视最终也会减少奖励的效果。

为了达到最佳的奖励效果，笔者给学生设立了奖励积分卡。

奖励积分卡我又把它叫做积分银行卡。将学生的需要奖励的各种学习行为与表现，变成积分存放在积分卡上。当达到一定数额的时候，进行物质或精神上的奖励。奖励有多种，学生可以用不同的积分来换取不同的奖励，每一种奖励所需积分也各不相同。

众所周知，英语需要“曲不离口，拳不离手”，要想英语成绩提高得快，就要多读、多背、多听。但背诵与读写，对学生来说非常辛苦，学生不愿意主动去背诵。学生不愿主动背，就逼着老师日常去抓学生背诵、抓学生们朗读，老师也非常辛苦。那么该怎样调动他们的积极性，让他们愿意去做？这时候积分卡就起到了很大的作用。开学初，笔者与学生共同商量积分卡的使用，最后一致通过决议，学生每读过一个单元的单词跟短语就积 2 分，读一次课文也积

2 分，背诵课文就积 5 分，作业完成情况好就按作业难易积不同分数，每次听写 100 分积 2 分，上课积极主动回答问题，并且回答得好也积不同的分数。最后积满 20 分、50 分、100 分有不同的奖励。奖励有多种多样，有奖文具，奖糖果，口头表扬，加德育考核分，在家长群里进行公开表扬，或免一次家庭作业，或免一次值日等等。设置不同的奖励，让学生自己选择，学生根据自己的需要选出自己喜欢的奖励。自从设置了积分卡之后，学生过关、背书、读书的积极性大大提高，以前经常要我追着学生背书、读书慢慢变成了他们追着我过关。学生学得快乐，我也教得快乐。

朗读背诵跟踪表

俗话说：石头经过打磨，可以成为石器；树枝经过修理，可以成为木棍；英语是一种表音的文字，要想学习好多读、多背、多听必不可少。多读是为了增强语感和流利度，而多背是为了记住更多的词语，句型和段落，两者都不可忽视。除此之外，学习英语还应该多听，听觉上的语感也很重要的。优秀的语言习惯，是慢慢磨出来的，正如古语所说："读书破万卷，下笔如有神。"

多读、多背跟多听不可能全部依赖在校内和课堂。每天一节英语课，学生只是在英语课上读、背英语，而课后完全不复习，不读、不记，却想提高英语成绩，这无异于缘木求鱼。所以必须要让学生利用课后去朗读、背诵、听录音。但大部分学生特别是初中生，尤其是普通中学的学生，学习目标大多不够明确，他们总是认为学习是为家长、为老师而学，能够主动坚持在家朗读、背诵的孩子毕竟是少数。虽然，我们也常常布置朗读、听录音作为课后作业，但最后的检查却难以落实。目前由于科技的发展，各种各样的小程序层出不穷，如果老师跟学生家长能达成一致意见，共同使用这些小程序去打卡，而且家长又能监控孩子正确合理使用好手机，而不是拿手机去玩游戏，这也不失为一个好的方法，可以让孩子在家开口朗读跟背诵、听读英语，而老师也可以很快获知学生的朗读与背诵情况。

但实际上，理想是丰满的，现实却是骨感的。在现实中，特别是家长与学生的想法还跟不上科技的发展时。大多数的家长很难监控到孩子正确合理使用手机，有时手机给了孩子，家长没有留意，很多不自觉的孩子就拿手机来玩游戏。而有的家长工作忙，很晚才回到家，不方便给孩子用手机打卡听读英语，致使监控学生在家朗读、背诵与听读英语总不能真正落实。为了更好地督促学生课后能在家朗读、背诵、听读英语，我想到了最原始的方法——用纸跟笔。

有时候原始的才是合适的，适合自己学生的才是最好的。为了督促并检查学生在家朗读、背诵与听英语，笔者跟同一个备课组的其他老师一起商量制作了一张朗读、背诵跟踪表。跟踪表有每天要完成的听、读、背内容，并设置了自评与家长评语、教师评价几栏。每天放学之前发给学生，学生在家完成任务之后就完成自评，再让家长写下评语，第二天作为家庭作业收上来交给老师，老师再根据学生与家长的反馈信息对学生进行评价。做得好的，进行各种形式的表扬，如果家长没有反馈或家长对学生评语较差的，教师可以及时在课间或放学后留下该学生补读、补做此任务。有了这张朗读、背诵跟踪表，教师就可以及时得到学生在家读、背英语的反馈信息，并且可以根据反馈信息采取不同的措施督促孩子完成这项任务。另外，朗读、背诵跟踪表还可以作为教师与家长的交流表。不是每个家长都有时间跟任课教师进行沟通、交流学生的学习情况；有的家长可能也会因为性格原因不会也不愿意主动跟任课教师进行沟通交流。一个班四五十个孩子，任课教师也比较难能主动一一与孩子家长进行沟通交流。而这个朗读、背诵跟踪表就弥补了这一点。哪怕只是一句话，对孩子的表现进行一句话的点评，这都会让老师跟学生家长的交流沟通更进一步。

反思日记

反思是对自己的思维过程、思维结果进行再认识的检验过程，是学习中不可缺少的重要环节。当代建构主义学说认为学习不是被动的接受，不是单纯的复制与同化，他要求学生在活动中进行建构，要求学生对自己的活动过程不断的进行反省、概括和抽象。只有不断反思才能建构更多的知识。学生反思是对学生自己的学习过程、学习方法与学习结果不断地监督评价的一个具体表现。

学生通过回顾学习过程，检查学习策略，检验学习结果等反省自己的学习过程和结果，就是反思的表现。学生学习反思是对学生的学习过程，学习方法和学习结果不断地监督评价的具体表现。新课程标准倡导终身学习，致力于学习方式的改变，转变学习方式，就要转变被动式的学习状态，把学习变成主动，并能独立地不断生成、发展与提升的过程，而学生学习方式的改变，其实就是要让学生学会学习，学会反思，学会交流。因此，教师在关注学生全面发展的同时，应督促学生对自我学习进行不断的反思。教会学生去反思非常重要。

那么该怎样引导学生学会反思，养成反思的习惯呢？我在平时的教学中使用了反思日记。

在使用反思日记之前，我也经常下课前让学生在笔记本上写下每节课学习的重点，也让学生口头反思学习的内容，但发现经常会遇到一些问题，如上课时间较紧，反思环节经常就只是走了个过场，以致没有时间的反思只能是效果不佳，所以笔者想到了每周让学生写反思日记。

周末学生有足够的时间理清个人的思路，他们有足够的时间对一周的学习内容与学习过程进行反思与检验。而且写反思日记又是作为一项作业布置下去，让他们没办法不做，还必须认真做。

为了强化学生的反思意识，并教会学生进行反思，我规定反思日记必须有三大块内容。第一，要写清楚本周掌握了多少内容，一周的所获，可以是知识也可以是学习方法。第二，要写清楚本周有哪些问题，并分析问题的成因。第三，在反思日记中要跟老师交流一个学习问题，可以是问老师问题，寻求老师的帮助，也可以是对英语学习的某个方面与老师进行交流。

反思日记可以培养、强化学生的反思意识，而且还为学生创设了反思的情境，因为是书面书写，又是周末就可以让学生以轻松、自信的态度去反思他的学习过程。其次，有了反思日记，学生就建立起了与老师互动的关系，反思性学习是一种依赖群体支持的个体活动。而且这也是一种非常好的与学生交流的方法。一个班四十几人，一般情况下，一名英语教师要任教两个班，将近九十名学生，每周能跟每个学生交流相对来说有一定的难度，而反思日记就解决了这个问题。

我来出试卷

每到期末考试复习阶段，教师都要对每个单元的知识点进行梳理，老师往往将知识点融入到练习卷中让学生练习，巩固所学的知识点。但由于期末各科的练习都比较多，许多孩子陷入题海，所以很多练习往往只是应付，而英语练习较多的选择题会让学生首选应付，所以最后复习效果往往不能达到预期目标。

思考了很久，期末复习时间到了，我决定让学生出试卷。

出试卷前，我将每单元要复习的重点、难点和要求印发给每位学生，让每位同学认真研读。并规定内容、题型、题量，让学生以自选方式小组集体命制试题。不出所料，让学生出试卷引发了学生的学习兴趣。每个学生都想当老师，他们都想通过自己出试卷考考同伴，也十分好奇同学们的试题，他们也想做一下同学们所出的试卷，因此，学生的积极性得到了大大提高，在出卷的过程中，他们俨然一个小老师。

其实出一份试卷，学生们要精选试题。所有的知识点、重点和难点，都要进行归纳，选出他们认为最重要的内容放在试卷里。出好一份试卷，学生们就必须了解每个单元的重点跟难点，而且还要反复的思考，挖掘每个知识点的内在联系。整个过程其实也就是对知识进一步的消化和迁移。学生在出题的过程中，也是一个复习的过程，是一个知识的再次建构的过程，在建构这些知识时达到了复习的目的，而且也提高了学生的思考能力和分析能力。当学生试卷出的比较好，获得了同学们的认可的时候，他会有一种成就感与成功感，而这种成功感又会更好地激发学生学习英语的兴趣。

不过，让学生出试卷之后，我们教师还要注意以下几点：

首先，老师要把好关。学生命题前要确定命题原则，同时要对学生的试卷中的每一步，每一个知识点进行把关。避免出现重复卷，或者重难点不突出的试卷。因为毕竟只是学生，有的孩子为了考倒他的同学可能会出一些特别难与考试大纲不相符的试卷。还有的孩子可能会偷懒，只是随便抄一些题目，这样就与让学生出试卷的初衷相违背了。

其次教师要会合理整合试卷。整合完试卷之后要及时展示试卷，让每一个出卷的人收获到成功的喜悦，另外还要在试卷上标注出题同学的姓名，这样当出题者看到自己的名字被印上了试卷，会大大的增加他的成功感。最后教师还要将学生的试题整理成一个资源库，学生毕竟人多，学生出的试题相对来说内容多而且丰富，最后还减轻了老师的负担。

让学生出试卷能充分调动学生的主观能动性，学生的好胜心理驱使他们都持有积极态度，因为几乎所有学生都有想考考别人的冲动，品尝当老师的滋味。整个过程最终让他们复习得更详细、更清楚、更有效，而且还减轻了老师的负担，何乐而不为呢?

英语漂流日记

在英语的 5 大技能——听、说、读、看、写中，相对来说，学生比较难掌握的可能就是“写”的技能。有的学生，他的口语很好，有一定的词汇量，也能够阅读一些文章，但是一落实到写，用笔来发表个人的观点时，就不愿意去做，或者不想去做，也不知道该怎样才能写好。最后，英文写作就成为了学生们的老大难。

该怎样去让学生养成写作的习惯呢？平时的练笔非常重要，所以这时候我想到了一个漂流日记。以往漂流日记都是语文老师用的比较多，我在想语文教学跟我们英语教学有非常多的相同之处，中文跟英语都是一种语言，语文老师让学生写漂流日记来练习写作，那么写英语漂流日记是否也可以呢？我觉得也可以来尝试一下。

所谓漂流日记其实就是每天由一个学生用英语来记录一件事情，或者一个观点，然后再按学号传下去，在传英语漂流日记的过程中，其他同学们可以发表自己的观点，并用英语将自己的观点写在日记之后。这样一来，同学们之间传漂流日记的时候，同学们不光要自己写英语漂流日记还可以对上一个写英语漂流日记的人的文章进行修改跟点评。漂流日记就相当于网上的一些帖子，而学生在日记后写评语就像网上的跟贴，只不过这些帖子必须用英语完成。作为新新人类的学生其实非常喜欢在网上发贴，这样一来，学生就愿意写，也愿意跟贴写评价，更愿意看同学们的英语漂流日记并对漂流日记进行评价与点评。

写漂流日记让学生由不喜欢写英语小文章变得愿意写，哪怕是出错，哪怕是语句不通，但也愿意去做。而学生只要去做，去动笔写，写作水平就一定会有所提高，更何况每一次英语漂流日记漂流到下一个同学的时候，同学们也会积累前面同学所写的文章。漂流得越多，收获也越多。

建构主义理论认为，学习不单是知识由外到内的转移和传递，更是学习者建构自己知识经验的过程，即通过新经验与原有知识经验的互动，来充实、丰富和改造自己的知识体系。教师就应给学生提供足够的思维时空，使其主动构建自己的认知结构，培养其自身的创造力。建构主义的英语教学手段是沟通与交流。建构主义认为，知识产生于主体与客体的互动过程之中。学生的学习活动并非是一个被动的接受过程，而是一个积极主动的建构活动（焦晓骏，2011）。既然英语教学手段是沟通与交流，漂流日记就是一种十分行之有效的沟通、交流工具，学生用英语发贴，用英语写评价、跟贴时，其实就是学生们之间的沟通与交流，这种轻松有趣的沟通与交流也就是其主动建构新知识的一种方式。

英语漂流日记让学生能多练笔，既锻炼了他们的写作水平，同时也加强了学生们之间的交流与互动。

听、评课的五个维度

听课是教师在日常教学活动中经常性的不可缺少的教研活动，一位英语教师只有不断地去吸取他人的宝贵经验才会成长得更快，而听课就是一个最直接获取他人宝贵经验的方法。教师听课是促进教学观念更新、教学经验交流、教学方法探讨、教学艺术展示、研究成果汇报、教学水平提高等的重要途径和主要手段。可以说听课、评课是教师研究课堂教学，提高业务能力最有效途径。

但许多英语老师却没能理解，不会听、评课，甚至还觉得浪费时间，这是因为不会听评课。学会听、评课是每个英语教师都应该必备的教学技艺之一。

那么该如何听评课，对他人的课进行课堂评价呢？我在名师工作室里给工作室制定了“五维评价标准”用于对他人公开课进行评价，效果很理想，所以分享给大家。那么具体来说，是哪五维呢？

维度一：观察教学目标

根据国家《初中英语课程标准 2011 版》与《普通高中新课程标准 2017 版》课程目标，教师可以选定一项或者多项，观察授课老师的课堂上的教学目标的达成程度与达成方式。

1. 观察课堂教学对应的《初中英语课程标准 2011 版》5 大目标的相关内容：A. 语言知识；B. 语言技能；C. 情感态度；D. 学习策略；E. 文化意识。

2. 观察课堂教学是否对应了培养学生英语核心素养（语言能力；文化意识；思维品质；学习能力；）

3. 目标是否符合学生的认知水平，心理特征，能力基础。目标是否能既面向全体，又关注差异，目标是否具有层次性。这是衡量课堂教学成功与否的重要标准。教师是否有在如下方面努力达成目标：使大多数学生完成教学目标中所规定的学习任务，使不同层次的学生都学有所获，学生有进一步学习的欲望；

学生的创新思维创新能力得到培养。

4. 观察预设的教学目标是怎样呈现的？目标陈述体现了哪些规范？目标呈现的根据是什么？是课程标准还是学生？还是所用教材？教学目标适合该班学生的水平吗？课堂有无生成新的学习目标？教师又怎样处理新生成的目标？

维度二：观察教学过程

1.授课教师的教学环节安排是否科学，教学环节怎样构成，教学环节构成的依据是什么？每个教学环节授课教师是如何进行时间分配的？教学环节是怎样围绕目标展开的？教师通过哪些环节去促进学生学习的？有那些证据（活动/衔接/步骤/创意）证明该教学设计是有特色的？

2. 授课教师的教学方法是否灵活有效。是否能根据学生与教学内容以及课堂实际情况灵活选择和调整教学的方法和策略。

3. 授课教师课堂设置的教学活动是否有意义？每个活动是否针对所设目标？教学活动是否多样而且有效？

4. 教学手段是否多样化高效化？现代化教学设备使用是否合理？

5. 课堂反馈渠道是否畅通无阻？形式是否多样？出现问题是否合理纠正？课堂出现突发情况是否机智恰当解决。

6. 课堂评价：检测学习目标所采用的主要评价方式有哪些？如何获取教学过程中的评价信息（回答 / 作业 / 表情）？如何利用所获得的评价信息（解释 / 反馈 / 改进建议）？

维度三：观察教师与学生

1. 教师讲解的效度（清晰、结构、契合主题 / 简洁 / 音量 / 节奏）怎样？有那些辅助行为？

2. 授课教师的板书呈现了什么？怎样呈现的？板书是否适当？

3. 授课教师提问的时机、对象、次数和问题的类型、结构、认知难度怎样？授课教师给学生们“候答”的时间多少？学生回答问题的方式、内容怎样？教师给学生哪些辅助方式？

4. 授课教师怎样指导学生自主学习（读图/读文/作业/活动）？结果怎样？怎样指导学生合作学习（分工/讨论/活动/作业）？结果怎样？怎样指导学生探究学习？

5. 授课老师所布置的课堂练习是否针对不同层次的学生？练习是否有梯度？

6. 学生任务完成得怎样（数量/深度/正确率）？

7. 有多少学生倾听老师的讲课？倾听多少时间？有多少学生倾听同学的发言？倾听时，学生有哪些辅助行为（记笔记/查阅/回应）？有多少学生发生这些行为？

8. 学生有哪些互动/合作行为？有哪些行为直接针对目标的达成？参与小组讨论、参与提问/回答的人数、时间、对象、过程、结果怎样？学生合作习惯怎样？出现了怎样的情感行为？

维度四：观察授课教材与其他教学资源

教材的首要功能只是作为教与学的重要资源，但不是唯一的资源，教师应该是用教材教而不是教教材。

1. 观察授课教师是否认真钻研教材，把握编写体系，领会了教材编写的意图；教师是否创造性地使用了教材。

2. 教师是否结合本班学生的特点，把握学生的起点，对教材进行合理加工与处理。

3. 授课教师是否合理运用其他教学资源辅助教学，并使教学更有效。

维度五：观察教学实效

教学效果是否明显主要看教学内容的完成程度，学生对知识的掌握程度，学生能力的形成程度，学习目标的达成程度，在听评课中最重要的就是观察教学实效。

第二部分

实践篇

2018 年 1 月教育部公布了新的《普通高中英语课程标准（2017 年版）》，新的英语课程标准确立了英语学科核心素养框架，明确了英语课程的特有性质，并且突出了“立德树人”的育人观念。同时还开创性地提出了指向学科核心素养有效形成的“英语学习活动观”，通过改变教学模式和优化学习方式，实现课程内容的结构化和情境化，提高教与学的效率。具体而言就是以语篇为依托，整合语言知识、文化知识、语言技能和学习策略等学习内容，创设具有综合性、关联性和实践性的英语学习活动，引导学生采用自主、合作的学习方式，参与主题意义的探究活动。

“SEA”生动课堂之阅读课例

八年级下册　Modul2 Unit3

一、教学内容与学情分析

1. 语言材料分析

本单元的主题话题为:“传统技能”,本篇关于其中的一项中国传统技能——渔夫如何用鸬鹚捕鱼的短文，阅读本文能促进学生了解中国传统技艺的特点及其前景。文本中的插图描绘了大明利用鸬鹚捕鱼的场景，可以利用图片跟现代捕鱼做对比，引起学生对传统技艺的兴趣。

2. 学情分析

八年级的学生对于“传统技艺”虽然比较陌生但却很好奇，所以他们对此话题有兴趣，有利于文本的阅读。

3. 教学重点、难点

（1）理解阅读篇章中描述鸬鹚捕鱼的过程以及在阅读中学习核心单词与短语。

（2）指导学生理清文章脉络，并运用所学介绍鸬鹚捕鱼这一传统技艺。

二、教学目标

1. 语言能力

（1）能感知并初步掌握以下重点词汇：

describe, fisherman, net, although, fit, dive, ready, reach, attract, hang, post, require, swallow;

（2）进一步掌握阅读微技能如：略读、找读；

（3）能口头描述鸬鹚捕鱼的过程，并能对此传统技能的前景进行个人评价。

2. 文化意识

了解中国传统技艺的特点，关注中国传统文化，并认同中国传统文化，增强文化自信。

3. 思维品质

（1）在阅读过程中通过对文章的内容理解与推论提高个人的逻辑思维能力;

（2）在阅读文本中通过分析、判断、新旧捕鱼方式的比较与综合等阅读活动提高高阶思维能力，如批判性思维与创新思维。

4. 学习能力

（1）在各种阅读活动中能运用各种阅读策略提高英语的阅读能力和阅读学习效率。

（2）在学习中通过与同伴交流、合作、探究培养传递信息的能力以及学习探究能力、自主学习、合作学习等学习能力。

三、设计思路

通过各种中国传统技艺的图片与名称，引出主题语境，并通过视频多模态语篇引入阅读话题鸬鹚捕鱼，并设置大量情境。在鸬鹚捕鱼的情境中设计略读、寻读、以及各种由浅入深的问题链等各种教学活动，厘清文章内容与框架，培养学生的逻辑性思维、批判性思维。最后让学生用本课所学的内容分析、评述鸬鹚捕鱼的前景，迁移创新到未来如何保护此传统技艺，并写出书面建议与方案。

四、教学过程

Activity1 Brainstorming

Match the pictures of some traditional skills with their names

Traditional skills

Brainstorm.

Do you know of any traditional skills or crafts?

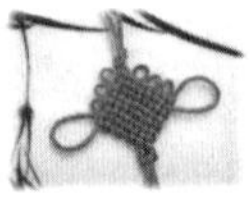

Chinese knot

paper cutting

dough toy

【设计意图】展示窗花、捏面人、剪纸等中国传统技艺的图片与名称，让学生完成配对，旨在引起学生兴趣，并引出鸬鹚捕鱼的话题。

Activity2 Pre-reading activity1

Ask Ss if they have ever gone fishing. Get the Ss to talk about ways of fishing. Then show the picture and learn some new words.

Q1: What do fishermen need to catch fish?

Q2: What's your way of fishing?

I catch fish with---?

Fishing with birds

A2 *Label this picture with the words from the box.*

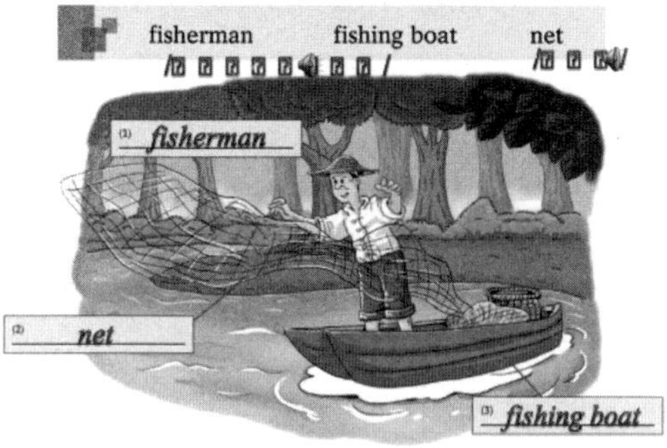

【设计意图】通过创设各种捕鱼情境，在情境中教部分文本中的新词汇。

Activity3 Pre-reading activity2

Look and compare.

What are the differences between the two ways of fishing?

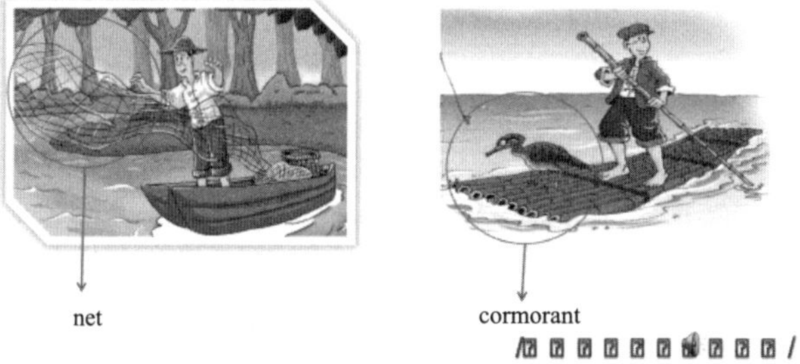

【设计意图】通过对比常规捕鱼与鸬鹚捕鱼所用工具的不同与方式的不同，引起学生对阅读的主题——鸬鹚捕鱼的课文的兴趣。

Activity4 While-reading 1

Skim the passage as fast as they can and try to find out the main ideas of each paragraph.

Task1:The first reading: Skimming

Skim the article on page 35. Then match the paragraphs with their main ideas.

Paragraph 1 ______ a describes a kind of bird.
Paragraph 2 ______ b is about the future of fishing with birds.
Paragraph 3 ______ c describes a fisherman.
Paragraph 4 ______ d describes how the fisherman works.

【设计意图】引导学生略读课文，并选择每段的段落大意，使学生对全文的结构和脉络有整体了解，培养学生的逻辑思维。

Activity4 While-reading 2

Ss scan the passage and finish the reading exercise.

Reading for details and try to fill in the blanks and check the answers with the class.

Scan the first paragraph and complete the table.

About Wang Damin	
Job	
Age	
Health	

Read the second paragraph and fill in the blanks.

Size: (1) ______________ Colour: (2) ______________

Good at: (3) ______________

And: (4) ______________

Special ability:____________________

Can: (5) ________________________

Read the third paragraph and complete the flow chart

In the 1) ______________, Wang Damin sets off and 2) _________the cormorants__________for work

First, he 3) ____to stop them from eating big fish.

Then, when Wang Damin's boat 4) ________________________, he pushes the cormorants into the river.

Wang Damin uses several ways to attract fish:

During the day, 5) ____.

After dark, 6) ____.

The cormorants 7) ____________________________________.

Wang Damin 8) ________________________the fish from their mouths.

Finally, the fish 9) _________________________a big basket.

Read the fourth paragraph and answer the questions

Q1. Where was cormorant fishing once practiced ?

____

Q2. Are young people interested in how to fish with cormorants?

____

Q3. What may happen to cormorant fishing in the future?

____

【设计意图】通过表格与各种问题引导学生运用寻读策略把握有关大民捕鱼的细节信息，并指导学生学习如何描述人物特征。同时引导学生在完成这些阅读活动时，通过上下文理解和同义词替换等方式帮助学生理解 部分新的词组。

Activity5 Consolidation

Watch a video showing how a fisherman catches fish with birds

【设计意图】鸬鹚捕鱼的视频来自英国 BBC 的纪录片，它作为“多模态语篇”让学生对这项中国古老的技艺有更加直观的认识，并帮助学生更好地理解课文，观看完之后，再让学生结合课文的第三段，找出捕鱼过程的一些动词，为下一阶段的阅读迁移做好铺垫。

Activity6 Post-reading

Discussion:

Ask the students to discuss the questions in groups:

Q1: Why is cormorant fishing disappearing?

Q2: How to protect cormorant fishing from disappearing?

Expansion:

Work in pairs and present an interview. One is Damin and the other is the reporter who interviews Damin about cormorant fishing.

S1: What do you require to catch fish?

S2: ______________________________

S1: What are cormorants like?

S2:______________________________

S1: When do you start working?

S2:______________________________

S1: How do you use cormorants to catch fish?

【设计意图】在对阅读文本进行了理解、分析、应用之后，学生用所学的内容去迁移、创新表达个人的观点，训练学生的创新思维。

Activity7 Assignment

Write a report in 100 words about Damin and give Damin some advice to protect cormorant fishing.

Guided points:

1.The description of cormorant fishing.

2.What can we do to stop it from disappearing?

【设计意图】巩固本节课所学知识，用所学的语言知识与课文内容迁移到新的情境中，并发表个人观点，训练学生的创新思维。

【附课文】

Wang Damin is a fisherman. Although he is over 65, he is very fit and still enjoys working.

Damin uses cormorants to catch fish. Cormorants are large black birds. They are good at catching fish because they can swim well. They can dive down and stay under the water for up to two minutes.

Damin usually sets off in the late afternoon and gets the cormorants ready for fish. First, he ties a piece of grass around their necks to stop them from eating. Then when Damin's boat reaches the right place in the river, he pushes them into the river. Damin uses several ways to attract fish. During the day, he jumps up and down on his boat. After dark, he hangs a light on a post at the front of the boat. The cormorants bring the fish back to the boat. The fish are then taken and thrown into a big basket by Damin. No nets are required for this type of fishing.

Cormorant fishing was once practiced in lots of places in South-east China, and there were many fishermen in the area. But today, few young people are interested in it. In 50 years, perhaps there will be no more cormorant fishermen in the world.

【实践反思】

本节阅读课以“SEA”（Situation, Entirety, Activity）生动课堂阅读教学模

式来开展阅读教学。首先，通过多种途径，如图片、BBC 纪录片创设各种阅读情境，以鸬鹚捕鱼主题为引领，开展各种阅读活动；教师设计“基于语篇”的学习理解类阅读活动，如归纳段落大意与阅读文章并填表格等去理清文章的思路，获取文章的主要内容。其次，设计“深入语篇”的应用实践类活动，如在阅读中让学生分析文章的人物描写与捕鱼动态描写，同时引导学生对文章中部分精彩词语进行鉴赏。最后再设置“超越语篇”的迁移创新类活动，如：让学生根据文章的内容分析并讨论鸬鹚捕鱼这种中国的传统技艺消失的可能性，并给出个人观点怎样去保护这种技艺，先口头，再笔头写成建议性意见的文章。整节课是以主题为引领，以语篇为依托，以活动为途径的整合性阅读教学。不论语言知识的输入与输出，还是语言技能的训练，都是作为一个整体来进行。本节阅读课实践了新课标的六要素整合的英语学习活动观的理论。

八年级上册　Moudul3 Unit6

一、教学内容与学情分析

1. 语言材料分析

本模块的主题是文化与历史，而本单元的主题是古代故事。文本中的插图展现了故事的高潮部分，而课文的标题即故事的关键词：The Trojan horse，同时也指明了故事发生的地点与木马计。从文本的语言来看，有些句子的结构对学生而言比较陌生，而且有些句子较长。文本的生词量比较大，词汇的处理较难，既是难点，但也是本课重点。

2. 学情分析

初二的学生对故事都很感兴趣，而特洛伊的故事又是个古希腊神话故事，所以学生很感兴趣，也会有兴趣去阅读文本。教师只要在教学中充分做好引导和做好铺垫，学生应能很好地完成教学任务。

3. 教学重点、难点

（1）引导学生运用预测、略读和寻读以及评价等阅读策略解读文本。

（2）引导学生在不同层次的阅读活动中进行主题意义的探究。

（3）引导学生在不同情境中学习、巩固、复现各种核心词汇。

二、教学目标

1. 语言能力

（1）认读理解目标词汇secret, midnight, stupid, empty, ancient, captain, soldier, main, army, huge, enter pull, celebrate;

（2）通过多种形式的阅读活动，提高阅读技能；

（3）能口头讲述整个故事，并能根据文本的内容续写故事。

2. 文化意识

通过木马故事了解西方文化、文化内涵以及通过故事发生的背景，了解古希腊人的智慧与耐心。

3. 思维品质

通过三种不同层次的阅读活动的设计提高逻辑思维、批判性思维、创新思维等思维品质。

4. 学习能力

通过探究、合作提高各种学习能力如：知识归纳能力、在语境中学习词汇等学习能力。

三、设计思路

通过图片、电影片段创设主题情境，并在情境中引入新单词，再设计三个层次的阅读活动，第一种学习理解类，第二种应用实践类，第三种迁移创新类阅读活动，引导学生从浅层理解到深入理解文本。同时训练学生各种阅读微技能，并深入文本了解作者的意图。本节课设计特别注意在各种情境中教授新单词，并且在阅读活动中反复重现并巩固新单词。

四、教学过程

Step1 Warming-up

The teacher introduces herself and have Ss learn some new words.

T: Boys and girls, I'm new here, so I am very nervous. I couldn't get to sleep until 12 o'clock. At *midnight*, I could fall asleep.

T: I feel nervous again, so I feel very thirsty now. Can you give me a hand?

（教师给一个空杯子递给一个学生）

T: Can you open the bottle for me?

S: Ok（学生打开杯子，并递给老师）

T: Wow. The bottle is *empty*. There is nothing in the bottle. Oh, I forgot to fill water into the bottle. How foolish and *stupid*! (教师做惊讶状)

T: I'm *stupid* now, please don't tell others. It's my *secret*. Please keep the *secret* for me.

【设计意图】在对话的过程中，教师巧设了真实、有趣的情境导入了目标新词，而又在真实的对话语境中，教师与学生自然而然拉近了距离，学生也不知不觉得了解并理解了 midnight, empty, stupid, secret 这些课文新词的词义。

Step2 Lead-in

Show some pictures and have Ss watch a short movie clip about the war.

【设计意图】以电影视频跟电影图片来导入新课。视频给学生带来了冲击感，学生印象深刻，同时教师又给学生展示图片并设置了一些问题再次引入话题，非常直观地介绍了故事的背景与故事中的人物，为阅读扫清障碍。

Step3 Pre-reading

Show some pictures and have Ss guess the words.

Have Ss think about what the Trojan war was like and guess the ending of the story.

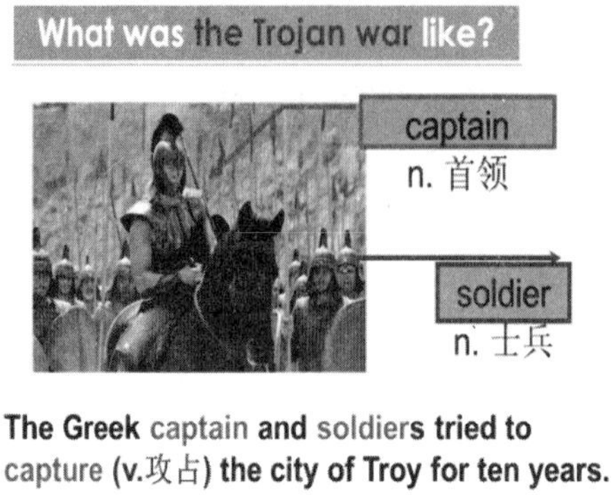

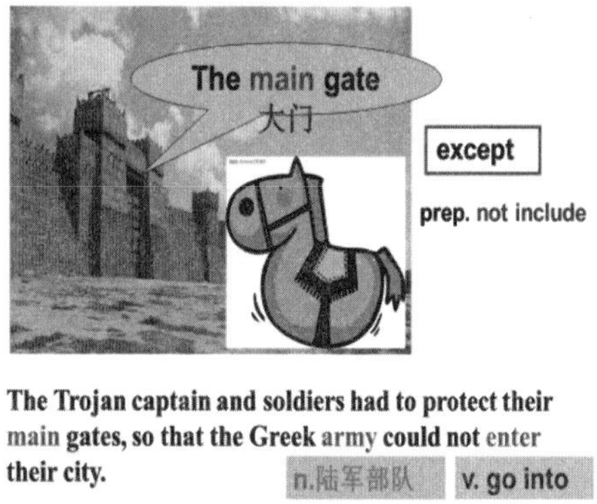

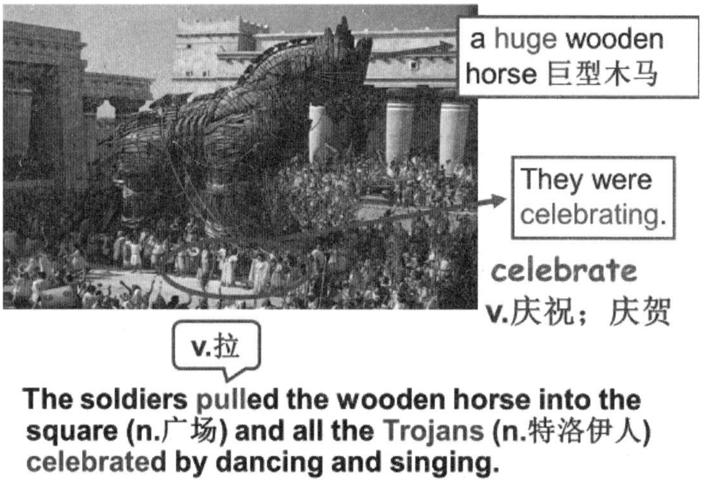

（教师展示古希腊特洛伊战争图片）

T: There was a famous war between _Trojans_ and Greeks. Do you want to know something about it? Which side won the war?

（教师边放一些图片，边设计几个问题）

T: Why did the Greek _captain_ and _soldier_ try to _capture_ the city of Troy?

S: They tried to _capture_ the city of Troy because of Helen.

T: Could the Greek _army_ _enter_ the city easily?

S: No. They couldn't.

T: Because of the _main_ gate. The Trojan _captain_ and _soldiers_ had to protect their main gates, so that the Greek *army* could not *enter* their city.

【设计意图】教师利用电影图片来创设语境，学生边听边看，根据图片和电影片段所创设的语境很快就会理解这些引出的新单词。同时对故事进行预测并激起阅读文章的兴趣。

Step4 While-reading

Activity1 Skimming

Ask Ss to skim the story and put the pictures in right order.

Put the pictures in the right order.(P82)

【设计意图】设计浅表性阅读，让学生对文章的脉络有清楚的认识，为下一阶段深入文本的阅读活动做好准备，同时训练学生的逻辑思维。

Activity2 Scanning

Have Ss read the story again and fill in the blanks.

Read the story and complete the table.

Who fought	The Greeks fought against the Trojans
Where	The city of Troy
How long	For 10 years
Who won	The Greeks
The key to winning	A trick

The main idea

The Greeks fought against the Trojans for 10 years and captured the city through a trick.

【设计意图】学生寻读，关注文本的细节，深入文本，同时赏析部分精彩词汇与句子。

Activity3

Sum up What's the **trick**?

The huge wooden horse

What can we learn from the trick?

The captain of Troy was careless. From the trick, we learn that we should be careful at study

Don't judge everything by appearances!

【设计意图】引导学生围绕着文本主题分析并找出战争的计谋，并阐述从哪几个方面找出。此类阅读活动是应用实践类活动，让学生通过分析、阐述、归纳等活动加深对文本的理解。同时在分析时，引导学生特别关注特洛伊将领与士兵的一系列举动，如 stood on the high wall, celebrated, sang and danced around the horse, made jokes about the stupid Greeks, locked 等，在此过程中特别让学生分析 made jokes about the stupid Greeks 中的 stupid 词的用法，培养学生的批判性思维。

Step5 Post-reading

Have Ss retell the story according to the clues and continue to write the story.

【设计意图】 先口头复述整个故事，然后再让学生根据课文内容续写整个故事，从应用实践类活动到迁移创新类活动，培养学生的创新思维。

Step6 Assignment

(1) Keep writing the ending of the story.

(2) Summarize the story in your own words.

【附文本】

The Trojan horse

The captain stood on the high wall of the city of Troy. “The Greeks have gone and we’ve won,” he said. “They’ve tried to capture our city for ten years, now, they’ve given up and sailed away!”

“But look over there,” a soldier said. “They ‘ve left a huge wooden horse.”

“Ah, yes,” the captain said. “It’s too big.” The Greeks didn’t want to take it with them. Get some help and pull it into the city.

That night, in the main square of the city, all the Trojans celebrated. They sang and danced around the horse, and made jokes about the stupid Greeks. “1 haven’t laughed like this since my childhood,” the captain said. After the party, they locked all the gates of the city and then all went to sleep.

By midnight, the main square was empty, except for the huge horse, Suddenly, a secret door opened on the side of the wooden horse. The horse was full of Cree soldiers! They quietly climbed out of the horse one by one.

The soldiers opened the main gates. The Creek army entered the city.

For ten years, the Greeks could not capture the city by fighting. In one night, however they succeeded in capturing it through a clever trick.

【实践反思】

阅读是一个综合性的活动，本节课以“SEA”（Situation, Entirety, Activity）生动课堂阅读课教学模式进行教学，即：注重运用多种手段创设主题情境（S），在各种情境中教授单词与阅读课文，从导入到输入再到输出都是依托语篇，“整进整出”（E），设计不同层次的阅读活动（A），以培养学生的阅读技能为主但又训练了学生的听、说、读、看、写等语言技能。

其次，如何在阅读课上进行词汇教学也是本节课要探讨的主要内容之一。阅读课的词汇教学旨在帮助学生理解该词在文本语境中的含义以及作者选用该词的用意，从而更好地理解文本，而在语境下进行词汇教学又可以提升学生对文本的理解。阅读课的词汇教学不应当脱离文本，脱离语境。只有在多样的语境中进行词汇教学，才能提高学生对词汇的掌握从而为下一步阅读文本扫清障碍。而本节课就很好地做到了以上几点。从对词汇的分类设定合理的词汇目标，到真实情景导入，再到多模态语篇呈现新词，最后到在读中、读后设置不同任务活动去复现和巩固词汇，一步一步引导学生使用目标词汇，学生经过了多次的复现去感知、学习、运用此词汇，大大提高了对词汇掌握的熟练度。

（小注：本课例由课题组成员杨伟玲老师设计并执教，向丽老师修改并指导。）

“SEA”生动课堂之语法课例

八年级上册　Module2 Unit3

The comparative and superlative of adjectives

一、教学内容与学情分析

1. 语言材料分析

形容词比较级和最高级是初中阶段一个十分重要的语法知识，但同时也是非常容易出错的一个语法知识。虽然是新授课，但其实该语法项目在小学已学习过，学生能通过本课进一步巩固并学会使用该语法项目。

2. 学情分析

因为小学已经接触过并初步学过形容词的比较级跟最高级，初中新增内容较少，只要稍加引导，学生应能很好地完成教学任务。但因为我校学生基础一般，所以用此语法项目整体输出性表达还有一定难度。

3. 教学重点和难点

形容词的比较级跟最高级的构成及部分特殊用法。

二、教学目标

1. 语言能力

（1）学生能了解形容词比较级跟最高级的结构与用法，并能用形容词比较级跟最高级描述对比几件物品。

（2）学生能听懂、看懂并说出、写出含有该项目语法的句子及文章。

2. 文化意识

对比 Mr.Li 的儿子们的两份礼物了解西方的礼仪文化，增强其对西方文化的了解。

3. 思维品质

（1）能通过观察、分析、探究找到项目语法的结构与规则，在探究的过程中发展学生的思维品质如思维的逻辑性、系统性等。

（2）通过参与各种活动和完成小组任务增强合作意识、探究精神，进而培养创新思维。

4. 学习能力

能通过“体验—观察—总结—尝试任务—完成任务”的形式调控、提高自学能力及主动建构语言知识与语言意义的学习能力。

三、设计思路

创设情景，以多模态语篇——歌曲导入语法项目，然后设计一系列活动，通过多种活动将语言形式与运用连接起来，借助语篇、各种语言技能，如：听、说、读、看、写等与各种学习策略的运用，让学生去探究语法项目并内化、吸收此语法项目。学生通过探究、合作、梳理并整合，理解了此语法项目之后再运用、内化此语法项目，最后迁移、创新使用此语法项目。本节课以“SEA”（Situation, Entirety, Activity）语法教学模式进行语法教学，该教学模式能促进学生更好地理解此语法项目的意义，提高学生运用语言的能力，激发学生的兴趣，同时也回归语言的语用功能，体现语言的本性。

四、教学过程

Activity1 Lead-in

Listen to the song “Longer” and fill in the blanks

听歌曲填单词

（1）Longer (long) than there've been fishes in the ocean.
（2）Higher (high) than any bird ever flew.
（3）Longer (long) than there've been stars up in the heavns. I've been in love with you.
（4）Stronger (strong) than any mountain cathedral.
（5）Truer (true) than any tree ever grew.
（6）Deeper (deep) than any forest primeval. I am in love with you. I'll bring fire in the winters.

You'll send showers in the spring. We'll fiy through the falls and summers.

With love on our wings.

Through the years as the fire stars to mellow. Blurring lines in the book of our lives.

Though the binding's cracked and the pages start to yellow. I'll been in love with you.

【设计意图】通过“听”跟“写”来初步呈现目标语法——形容词比较级的结构，引起学生对该语法项目的兴趣以及引出并呈现该语法项目，让学生不光看还能调动听觉，还能在真实的情境、多模态语篇中去识别、感知其形式和特征，并形成初步认识。

Activity2 In-put（Grammar presentation）

T: What part of speech（词性）are these words? Longer, higher, larger?

S: They are adjectives.

T: Yes. They are comparatives of adjectives.

T: Do you know how to use the comparatives and superlatives of adjectives?

S: When we compare some things.

T: Excellent! Do you know how to change the base room of the adjective into comparative and superlative?

T: Today I will introduce Mrs.Li and her two sons. Please read an article about her two sons and work in groups to find the sentences with the comparatives and superlatives of adjectives.

【设计意图】让学生阅读一篇含有形容词比较级跟最高级的文章，读完之后找出含有形容词比较级跟最高级的句子，最后再观察这些句子，以小组合作、探究的形式得出比较级和最高级的结构跟用法。

Read the passage and find the sentences with the comparative and superlative of adjectives

Jim and Mike are twins. They are studying in the same school. Jim is 1.60 metres tall. He is 5 centimetres taller than Mike and he is also much taller than any other boy in his class. Mike is Jim's brother but he is a little fatter than Jim. Maybe he is one of the fattest boys in his class. Jim studies very hard, so his study is better and better. Jim always says: " The harder you study, the better you will be". Mike is more careless than Jim, he likes doing computer games. He thinks it is the most interesting thing in the world. They are both very friendly to others. We all like them.

【设计意图】相对于单句的输入，篇章的输入提高了语言知识的输入量。在大量的有比较级跟最高级的句子同时呈现时，学生很容易明白比较级跟最高级大部分是形容词加后缀的变化以及比较级中常带有特征词 than。以篇章形式整体集中呈现比较级跟最高级，将语法置于真实的语境中学习，学生能够对形容词比较级跟最高级的结构有深刻的印象，避免学生在单一语法练习时能正确答题，在文章中出现时，就发生遗忘、混淆的现象。学生观察、分析、探究这些含有比较级跟最高级的句子并最终找到目标语法的结构跟用法，整个过程恰恰符合了培养学生的核心素养的要求，能提高学生的学习能力和思维品质。

Activity3 Discussion and conclusion

Discuss these sentences of comparatives and superlatives and conclude the rules of the comparative and superlative of adjectives in the article.

【设计意图】学生通过自己的观察、感知、比较及分析，归纳出了语法规则之后就要组织许多语言活动来让学生操练，让学生在活动中去运用该目标语法。

Activity4 Practice and consolidation

Use two games to practice and consolidate the rules

Game1 Look for your friend.（找朋友）

【活动说明】准备一些卡片，每张卡片上写有一个形容词，或形容词的比较级或最高级，让学生们抽卡片，最后再自己配对，并就配对的词汇组一个含有比较级或最高级的句子。

Game2 My show-Our idol（风云对决台）

【活动说明】将学生分为三大组，每组成员推出他们心目中的最佳偶像，将三位候选人登上风云对决台，而其他组员将竭尽所能，将三人进行比较，把他们的优点一一用比较级和最高级展现出来。哪个组所表达的合理的表述最多，哪个组就获得胜利。

【设计意图】教师在语法教学中可以尽可能地设计一些任务活动，让学生通过完成任务，在语言的运用中学习、掌握语言形式和语言规则（陈惟理，田美红）。这两个活动的设计给学生创设了两个真实的语言情境与语境，让学生在说这些比较级和最高级的句子时就已经在真实的语境跟情境中对目标语言进行了操练，同时在操练的过程中学生又学会了运用这些目标语言。

Activity5 Expansion

Which do you like better

Product	dictionary	E-dictionary
Price	￥99	￥560
Weight	500g	200g
Size	13.5 × 9.5 × 5cm	10 × 8 × 1.5cm
Battery	no need	needed

Useful expressions:

cheap, expensive, light, heavy, big, small, easy to look up words, easy to carry about, no need to worry about

创设情景：Mrs.Li 想学英语，所以两个儿子分别给 Mrs.Li 送了两份礼物，让学生对比这两份礼物。

T: Mrs.Li will go abroad on business next month, but her English is very poor, so she wants to learn English. Her two sons send her two dictionaries for her to learn English. Let's compare the two gifts and find out the differences between them. And then tell us which one you prefer. Remember to tell me the reasons.

【设计意图】语法教学的最终目的是让学生们正确、合理地使用该目标语言，所以在学生已充分掌握了目标语言的规则之后，就要内化、拓展并在真实的情境中使用该语法项目。我设计了一个说的口头语篇输出活动去检验学生对该语言知识点的掌握情况。因为掌握一种目标语言其实最终要落实到说跟写，所以要设置一个学生感兴趣并且真实的语言情境来操练该目标语言，使这种语言知识的运用更加真实而有意义。

Activity5 Assignment

Can you help Mrs.Li's sons to choose the best gift you like?

Choose three things to compare them and help them choose the best gifts, and write an article.

【设计意图】将所学的语法项目迁移创新到新的情境与语境中，用于解决真实的问题。学会理性表达个人的观点，体现多元思维和正确的价值判断。

【附学案】

一、听歌曲填单词：Longer

(1) ____________ than there've been fishes in the ocean.

(2) ____________ than any bird ever flew.

(3) _______ __________ there've been stars up in the heavens.

I've been in love with you.

(4) ____________ than any mountain cathedral.

(5) ____________ than any tree ever grew.

(6) _______ __________ any forest primeval.

I am in love with you. I'll bring fire in the winters.

You'll send showers in the spring. We'll fly through the falls and summers.

With love on our wings.

Through the years as the fire stars to mellow. Blurring line in the book of our lives.

Though the binding's cracked and the pages start it yellow. I' ll been in love with you.

二、结构

1. 根据例词（longer, higher, stronger, truer, bigger）完成表格：

所有单音节词和大多数双音节词，词尾加 -er, -est 的方式构成：

类型	构成法	例词
1. 一般的词	直接加 -______，-est	clever, cleverer, cleverest
2. 以 -e 或 -ee 结尾的词	只加 -______；-______	large, larger, largest/ free, freer, freest
3. "辅音字母 + y" 结尾的词	变 y 为 ____，再加 -er，-est	busy, busier, busiest/ heavy, heavier, heaviest
4. 以一个辅音字母结尾的重读闭音节词（辅 – 元 – 辅）	先______这个辅音字母，再加 -er，-est	big, bigger, biggest（元音是单、短）thin, thinner, thinnest

原级	比较级	最高级
important	more important	most important
useful	more useful	most useful
quickly（副词）	more quickly	most quickly

第二部分　实践篇

根据以上表格归纳：

所有多音节词和少部分双音节词（以 –ly 和 –ful 结尾的词）的比较级是在词的前面加_____和_____。

2. 特殊变化的形容词

原级	比较级	最高级
good / well（副词）	better	best
bad / badly（副词）	worse	worst
many / much	more	most
far	farther/ further	farthest/ furthest

三、比较级跟最高级的用法

Read the passage and choose the best answers.

Jim and Mike are twins. They are studying in the same school. Jim is 1.60 metres tall. He is 5 centimetres taller than Mike and he is also much taller than any other boy in his class. Mike is Jim's brother but he is a little fatter than Jim. Maybe he is one of the fattest boys in his class. Jim studies very hard, so his study is better and better. Jim always says: "The harder you study, the better you will be". Mike is more careless than Jim, he likes doing computer games. He thinks it is the most interesting thing in the world. They are both very friendly to others. We all like them.

(　) 1. How tall is Mike?

A. 1.60 metres　B. 1.55 metres　C. 1.65 metres

(　) 2.Who is the tallest boy in the class?

A. Jim　B. Mike　C. I don't know.

(　) 3. Who may be one of the fattest boys in his class?

A. Jim　B. Mike　C. I dont' know.

(　) 4.What does Mike like playing best?

A. Volleyball　B. Basketball　C. Computer games

找出含有形容词比较级、最高级的句子，并写出来。

1.____

2.____

3.____

4.____

5.____

6.____

7.____

8.____

形容词比较级的用法

例 1：He is taller than me. 他比我更高

Beijing is more beautiful <u>than</u> this city. 北京比这个城市更漂亮。

Which is cheaper, the <u>shirt or the dress</u>？ 哪件更便宜，衬衫还是裙子？

He is the taller of <u>the two</u> boys.

归纳：两者之间用______，看见______用比较。

例 2：He is also much taller than any other boy in his class.

He is a little fatter than Jim.

归纳：句子中有 much, a little, a lot , still , even, far 后面要用______。

注意：程度副词 very, too, so, quite 等修饰形容词的原级

如：very tall、too hot、so cold

例 3：It is the most interesting thing in the world.

He is the tallest of the three boys.

Maybe he is one of the fattest boys in his class.

归纳：三者以上用______级，of，in 表范围，句子要用最高级。

one of +______级 + 名词______（单数 / 复数）

例 4：His study is better and better.

She is more and more beautiful.

归纳：表示“越来越______”（程度的累积）______级 and______级；（单音节和部分的双音节）

多音节：______and______+ 形容词原级 （前后形容词是同一个）

例 5：The harder you study, the better you will be.

The taller, the better.

归纳：表示 “越……越……” ______+A 的比较级，the+B 的比较级 （两个不同的形容词）

四、**Expansion**

Which gift do you like better, dictionary or E-dictionary? Please compare them, and find out the differences between them. And then tell us which one you prefer.

Product	dictionary	E-dictionary
Picture		
Price	￥99	￥560
Weight	500g	200g
Size	13.5×9.5×5 cm	10×8×1.5 cm
Battery	no need	needed

（**Useful expressions:** cheap, expensive, light, heavy, big, small, easy to look up words, easy to carry about, no need to worry about）

五、**Assignment**

Choose three things to compare them and help Mrs.Li's sons choose the best gifts, and write an article to tell us the differences and the reasons why you choose it.

【实践反思】

现代外语教育注重语言学习的过程，强调语言学习的实践性，主张学生在语境中接触、体验和理解真实语言，并在此基础上学习和运用语言。英语课程提倡采用既强调语言学习过程，又有利于提高学生学习成效的语言学习途径和方法，尽可能多地为学生创设在真实语境中运用语言的机会。鼓励学生在教师的指导下，通过体验、实践、参与、探究和合作等方式，发现语言规律，逐步掌握语言知识和技能，不断调整情感态度，形成有效的学习策略，发展自主学习的能力。

本节课教师以“SEA”（Situation, Entirety, Activity）生动课堂语法教学模式进行形容词比较级与最高级的教学。教师首先创设真实的语境与情境，并设计各种语法学习活动，让学生在情境中运用形容词比较级、最高级。该语法项目以脉络形式贯穿于各篇章中，学生的语法学习活动贯穿在语言的“听、说、读、看、写”中，学生在感知情境和语境的同时探究语言规则、归纳形容词比较级和最高级的用法，最后学会运用此语法项目。“SEA”（Situation, Entirety, Activity）生动课堂语法教学模式是一种在真实语境中的整体语法教学。从该语法项目的引入、感知、探究、归纳此语法项目的用法，到最后的运用、迁移、创新均是在语篇中进行，整进整出，语法教学不再是单一的碎片化学习而是在语篇中进行。

七年级上册　Module3 Unit5

the Simple Future Tense

一、教学内容与学情分析

1. 语言材料分析

一般将来时学生在小学就已经学过，只不过深度与难度没有初中要求那么高，但总体来说，学生对该语法项目有一定的基础，本节课是在学生已掌握的基础上进一步拓宽该语法项目的深度和难度。

2. 学情分析

授课班级是我校七年级（4）班的学生，大部分学生的英语基础比较薄弱。但学生求知欲较强，喜欢动手探索和思考，具有一定的团队意识和竞争意识。部分同学的英语表达尚未流畅，较多同学的口头表达较弱。

3. 教学重点、难点

掌握一般将来时的用法，了解一般将来时的考点要求，并能归纳一般将来时的用法。能用一般将来时进行口头表达和书面表达。

二、教学目标

1. 语言能力

掌握一般将来时的用法。了解一般将来时在中考中的考点。能用一般将来时进行口头与书面表达。

2. 文化意识

对中国的购物节等新兴的文化现象有所了解。

3. 思维品质

在合作、探究中归纳语法项目的用法，在这些活动中训练个人的分析、综合等逻辑思维能力。

4. 学习能力

能通过合作、探究等各种学习形式调控、提高自学能力并能主动建构语言知识与语言意义。

三、设计思路

运用“SEA”（Situation, Entirety, Activity）生动课堂语法教学模式，教师构建整体的语境、情境，将语法内容——一般将来时以脉络形式贯穿于篇章中，教师创设各种语法学习活动，让语法学习活动贯穿在语言的“听、说、读、看、写”中，学生在开展这些活动时去感知、探究语言规则，最后学会运用语法。整个单元教学模块都是围绕着太空这一未来元素展开的。因此，在进行语法教学时，也紧密结合“太空”这一话题创设情境，整合模块单元教学资源，设计多样化的教学活动。

四、教学过程

Step 1 Lead in

play a video and ask the students to fill in the blanks.

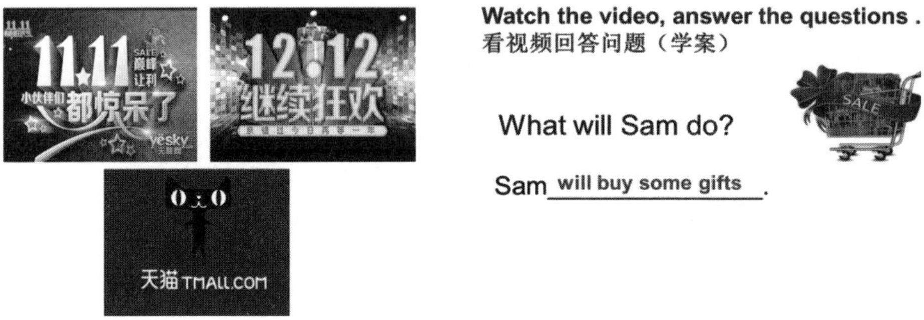

【设计意图】播放一位学生 Sam 的短视频，通过提问：What will Sam do? 回顾了上节课所学的一般将来时“will+ 动词原形”的用法。利用了多媒体工具制作视频创设情境，让学生在他们熟悉的情境中感知语言，视频谈论的话题

也紧密贴合学生的生活实际，利用了学生身边的人和事，起到了调动学生学习积极性的作用。

Step2 Revision

Review the simple future tense with will and the structures.

【设计意图】通过图片、猜谜游戏等构筑了真实的情景和语境，使语法知识以脉络的形式贯穿于对话当中，在感知情境和语境的同时巩固了语法知识。通过师生互动、生生互动，使语法知识贯穿于彼此之间的“听、说”交流上，最终在不知不觉中使学生达到学会运用语法的目的。

Step3 Inquiry learning of be going to

Ask the students to read Sam’s birthday plan and find out the sentences with simple future tense.

Simple future tense with be going to

Would you like to come to Sam’s birthday party?

Read Sam’ birthday plan, find out the sentences with simple future tense. 阅读 Sam 的生日聚会计划，找出含有一般将来时的句子，并归纳用法。

My Birthday Party Plan

My parents are going to hold a birthday party for me three days later. I am going to invite（邀请）my friends to come to my birthday party tomorrow.

In my party, we are going to do many things such as eating birthday cake and singing songs. Then we are going to watch videos and play games.

I hope everyone can enjoy the party.

1.________________________________

2.________________________________

3.________________________________

4.________________________________

【设计意图】通过让学生阅读Sam的生日计划，在篇章中找出一般现在时"be going to+动词原形"的句子，并通过生生之间的讨论，对句子结构进行归纳。学生在教师的指导下，通过独自阅读篇章、小组合作讨论探究来发现语言规律，从而形成有效的学习策略，发展自主学习的能力。

Step4 Output of the Simple Future Tense.

Ask the students to make a poster of the space party and report the party plan.

Make a poster of the space party , report your plan with be going to. 小组制作太空聚会的海报，用 be going to 的一般将来时汇报计划。

Hi, everyone… hold a party… buy…

do many things in the party…

I hope…

____

____

【设计意图】用学过的知识，通过小组合作来制作主题为“space party plan”的海报，此教学任务的设置，既能将所学的语法知识放到实际当中去运用，又能锻炼学生小组合作的能力，将所学技能转化为实际能力。学生所学的不再局限于知识层面，更重要的是整合所学知识，并能运用所学知识在新的情境中解决实际问题，完成实际任务。

Step5 Summary

Ask the students to summarize what they have learnt today.

Summary of the Simple Future Tense
总结一般将来时

will 表示<u>将要</u>,后接<u>do/be</u>,
缩写是<u>’ll</u> 否定是<u>won’t（will not）</u>

be going to 表示<u>打算，准备</u>，后接<u>do/be</u>.

Step6 Homework

Write an article: the space party plan.

【附学案】

Task 1: Watch the video clip and answer. 观看视频，回答问题。

What will Sam do?

Sam ____________

Task 2: Revision: the simple future tense “will” 复习有 will 的一般将来时

Task 3: Play a game! What will you use it to do? 规则：一人在讲台面对全班提问和猜测，其他人使用句子描述物品。

Task4: Read Sam’ birthday plan,find out the sentences with simple future tense. 阅读 Sam 的生日聚会计划，找出含有一般将来时的句子，并归纳用法。

My Birthday Party Plan

My parents are going to hold a birthday party for me three days later. I am going to invite（邀请）my friends to come to my birthday party tomorrow.

In my party, we are going to do many things such as eating birthday cake and singing songs. Then we are going to watch videos and play games.

I hope everyone can enjoy the party.

1.________________________________

2.________________________________

3.________________________________

4.________________________________

Task 5: Make a poster of the space party, report your plan with be going to. 小组制作太空聚会的海报，用 be going to 的一般将来时汇报计划。

Hi, everyone, ---hold a party --- buy---

do many things in the party---.

I hope……

____

____

____

____

Task6: Summary 本课小结

归纳: will 表示______, 后接动词______, 缩写是______。否定是______。

归纳： be going to 表示______, 后接______。

Task 7: Homework.

1.Write an article: the space party plan.

2.Finish exercise in Student Times.

【实践反思】

本节课教师设置了生动有趣的语境、情景(Situation), 如双十一购物节, 生日

Party 等真实而有趣的情景，在教学中实施整体性（Entirety）教学，将语法知识置于“听、说、读、看、写”等语言技能中，并开展各种丰富的语法学习活动（Activity），将语法知识渗透其中，学生将会在 SEA 中尝到学习英语语法的乐趣，从而激发学生英语语法学习的积极性和主动性，提高英语语法教学的质量和效率。

（备注：本课例由课题组成员杜美妍老师设计并执教，向丽老师指导并进行修改。）

“SEA”生动课堂之初三话题复习课例

一、教学内容与学情分析

1. 语言材料分析

Environment Protection是中考24个话题之一，并且还是当今最热门的话题之一。整个话题与生活联系紧密，它包含了上海牛津广州版教材中7上Unit3和7下Unit4以及8下Unit5，9下的Unit3“环境污染”与“环保”有关的如节约用水、拯救地球与濒危动物等内容，此话题既可以复习情态动词、部分时态，也可以复习环保话题的阅读、写作和口语。

2. 学情分析

本课的教学对象是初三的学生，学生已掌握了一定的词汇和语言输出能力，虽然话题较难但只要引导得当，学生应能很好地完成教学任务。

3. 教学重点、难点

重点：“环保”话题有关的词、短语和句子以及情态动词等。

难点：“环保”为话题的写作、阅读。

二、教学目标

1. 语言能力

（1）能掌握与“环保”话题有关的词、短语和句子及情态动词的用法。

（2）能学会写有关“环保”话题的作文。

（3）能提高综合运用英语的能力。

2. 文化意识

能树立环保生态意识，提高社会责任感。

3. 思维品质

能发展个人的分析及归纳、探究与解决问题的能力。

4. 学习能力

能积极通过小组讨论、同学互助提升英语学习效率。

三、设计思路

本节课教师运用“SEA”（Situation, Entirety, Activity）生动课堂教学模式，以环保话题为主题进行初三话题复习。本节话题复习课主要是引导学生结合他们的实际生活去探究主题意义——环保问题与解决这些环保问题的建议与方法。同时在探究此主题意义的过程中调动学生已有的知识，复习情态动词、部分时态等语言知识，帮助学生建构和完善知识结构。

“SEA”（Situation, Entirety, Activity）生动课堂话题复习教学模式是以主题意义探究为引领，以语篇为依托，从复习内容的输入到语言知识的输出皆通过“语篇”，设计一系列具有综合性、关联性特点的语言学习活动和思维活动，学生在参与这些学习活动中提高语言理解和表达能力，以及提高各种语言技能，特别是读、看、说、写的技能，最终达到复习课的目标。

四、教学过程

Step1 Lead-in(5m)-Brainstorming 引入主题，激活思维

首先歌曲导入，教师选取了迈克尔·杰克逊非常有名的有关环保的歌曲 *Earth song*（歌曲是多模态语篇的一种），让学生边听边看 MV，一下子就激发了学生的学习兴趣，迅速让学生进入到本节课的情境语境中。然后导入一个问题 What have you got from the song? 之后就导入了复习课的主题：环境保护。

【设计意图】兴趣是最好的老师，学生有兴趣才会愿意去学习。众所周知，初三复习课相较于其他课型来说枯燥乏味，而多模态语篇歌曲的导入可以很快吸引学生的注意力，让学生在愉悦的心情下期待这节课的主题探究，为之后的学习开了一个好头。

Step2 Input 思维导图，自主构建主题词汇与句子

Q: What words and sentences about the environmental protection can you think of?

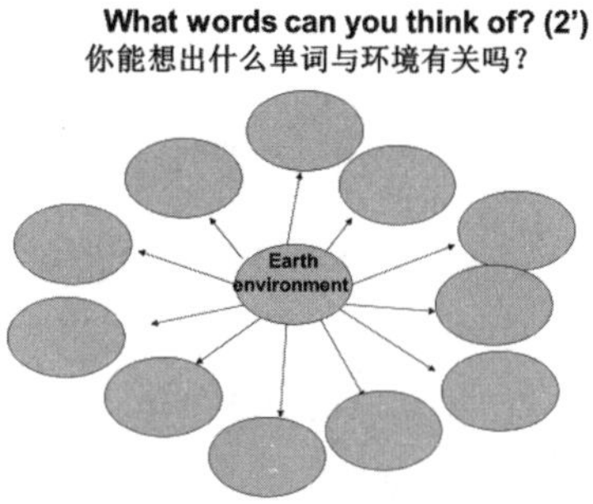

Brainstorming

以小组为单位，让学生合作探究并归纳与主题语境有关的词，短语。让学生自己去复习并构建出旧的知识体系，内化这些知识。学生很快就归纳出了很多有关环保的词汇。

【设计意图】通过小组合作探究并归纳出这些与主题有关的词汇与短语，既培养了学生的学习能力而且可以让学生们激活原有知识并自主构建与主题有关的词汇与短语的语言知识网。学生从被动地接受到主动地探究，有利于学生对这些词汇与短语的掌握，并且还提供了主题探究的知识储备，还为基于主题的输出搭建了支架。

Step3 Practice 深入主题，探究主题意义

（1）头脑风暴再次利用图片，说出环保问题，初步探究主题

教师先让学生头脑风暴，说出身边的环保问题。然后再给出各种各样的环保问题图片让学生讨论，并运用之前已归纳的词汇与短语说出身边的环保问题。

Q: What environmental problems do you know?

S1. people always burn things to make energy and pollute the air.

S2. Smog from the factories always pollute the air.

S3. Cars always release harmful gases into the air.

S4. People throw away the rubbish and pollute the land.

S5. People cut down the trees and destroy the forest.

…

（2）给同学 Annie 的环保建议，建构主题意义

教师播放同学 Annie 的视频，Annie 要参加一个环保的活动，她需要大家的环保建议。视频引出了又一个探究主题意义的活动——先说后写出环保建议，建构环保的主题意义。

【设计意图】2011 年版的《义务教育英语课程标准》提出终结性评价主要检测学生综合语言运用能力的发展程度，包括语言技能、语言知识、情感态度、学习策略和文化意识等五个方面。而且对语言知识的考查应着重考查学生的知识运用能力，不应孤立地考查知识点或对知识的机械记忆。终结性评价应将知识与技能的评价有机结合起来，着重考查学生在具体语境中运用英语的能力，渗透对情感态度、学习策略和文化意识的考查。所以复习课更应当将语言知识与语言技能有机整合起来，一节课除了复习语言知识外还应训练学生的听、说、读、看、写等技能。复习课应在基于主题意义探究上训练学生的语用能力。

Step4 Input and conclusion:

阅读与此主题有关的文章，并从中探究、归纳语法项目的用法

（1）拓展环保篇章阅读，呈现语法项目

学生经过合作探究，已经对此主题有了一定的认识与了解，教师再给出一篇环保话题的阅读文章让学生阅读，学生通过阅读该文章，进一步理解环保主题意义。在阅读的过程中不光布置学生阅读该语篇，而且还要求学生边阅读边画出有关环保建议的句子与这些句子中含有的情态动词。

Earth Hour started in Sydney on March31, 2007. More than two million homes and Business turned off their lights for an hour. A year later, in 2008, Earth Hour became the world's activity and was supported by millions of people from thirty-five countries. In 2009, over two thousand cities in the world took part in, and Earth Hour came to China. The purpose of the activity is to save energy. Earth Hour has brought about some new changes to our lives.

I think we may have different ways to protect the earth. Firstly, we should avoid polluting the air. For example, we can go to school on foot or by bike, plant more trees. Secondly, we can use water more than once. We mustn't leave the lights on when we are not at home. Furthermore, we had better try to make full use of everything and recycle it. In my opinion, Earth Hour is a message of hope and action. Need everyone make a difference? Yes, we must. We ought to do it now. The improvement of our environment needs everyone's efforts. Come on!

（2）在语篇中探究语言规律，复习语法规则

边阅读边画出文章中所含有情态动词，教师引导学生小组合作、探究这些情态动词的规律，分析并归纳情态动词的用法。

Observe and discuss these sentences in groups to find the using of the Modal Verbs.
小组观察并讨论文章中含有情态动词的句子及其他含有情态动词的句子归纳出情态动词的用法

考点归纳

【设计意图】语言知识的多样性和复杂性决定了语言运用能力必须是整合性能力，整合的导向在于意义，也就是语篇的主题意义的建构。（梅德明、王蔷，2018）。给学生一篇文章进行阅读不光拓展了主题语境，而且还进一步提供了主题情境。从学习的视角来看，对语篇“主题意义”的探究是学生在语篇“主题情境”中，综合性地学习和运用语言知识、文化知识、语言技能及学习策略的过程。语篇提供了主题情境，使语言知识和语言技能体现为在情境化运用中的知识和技能（王蔷，2018）。学生在主题阅读中以小组合作的方式观察、体验、

探究、分析、假设并不断修正所复习的语法项目用法，逐渐获得并掌握该语言知识。

Step5 Practice and output 开展输出活动，内化、迁移主题意义

学生已经深入探究了环保主题并复习归纳了情境动词的用法之后，教师就要组织学生进行语言输出活动。学生学习语法知识就是为了在语境中有效地运用语法知识来理解和准确表达意义。笔者最后设置了以语篇即篇章输出的两个活动，第一个是语法选择，语法选择是中考题型，训练中考的题型目的是让学生在篇章中检测本节课所复习的语法项目。

When Jim was young, he___1___ swim well. But now, he can't swim at all. His mother is strict with him. He mustn't go swimming alone. He always asks his mother, " Mum, ___2___I go swimming with my friends?" His mother always answers, "No, you___3___, You'd better ___4___swimming with us. You ___5___do your homework and study first."

1. A. can B. could C. need D. must

2. A. May B. Must C. Need D. Should

3. A. may not B. shouldn't C. mustn't D. have to not

4. A. to go B. go C. goes D. went

5. A. can B. may C. can D. should

完成了这一小篇有关环保的语法选择之后，学生对环保这个主题已经有了非常深入的了解了，笔者再设计一个真实的生活情境，即为一个网站写 "*Save our earth*" 的征文。

写作要求如下：

某英语网站进行了一次环境问题的情况调查，发现环境问题令人担忧，环境污染越来越严重。为此，他们发起了题为"*Save our earth*"的征文活动，号召人们为地球母亲的未来做出自己的努力。请你写一篇80词左右的英语短文，要求：1.说明当前环境有哪些污染及污染的原因，并写出保护环境的重要性。2.针对各种环境问题提出合理化建议，并加入你自己的观点。3.要合理、正确使用情态动词。

【设计意图】学生经过主题语篇的阅读，探究、归纳并复习语言知识之后，教师就要鼓励学生将所学的知识迁移到新的生活情境中，用于解决真实的问题，学生运用所学的语言以及前期整合出来的知识结构与文化方面的知识，来学会理性地表达个人的观点，体现多元思维和正确的价值判断（王蔷，2018）。让学生用复习内容即环保的知识与复习的项目语法进行该主题写作，既内化了所复习的知识也迁移了主题意义，即迁移至新的真实生活情境中。

【实践反思】

初三中考复习教学是学生巩固初中英语知识、技能和发展语言能力的关键阶段。而初三复习课的有效性关系到学生是否能查缺补漏并最后掌握该语言知识及会运用语言知识，最终达到中考测试的标准。

语言学习应是学生主动构建意义的过程。教师应充分挖掘英语课程的工具性和人文性，以主题为主线，以语言为暗线展开教学过程（辛强，2019）。复习课的目的就是复习语言知识并且提高学生的语言能力。而语言能力其实也就是语言运用能力。英语学习中的主题意义探究就是学生在已有经验的基础上主动参与和主题意义有关的学习活动，与文本及周围环境互动，提升语言运用能力（黄正翠、彭德河，2018）。在复习课中培养学生的语言运用能力教师就必须要创设一定的主题情境，并且设计围绕着探究主题意义的多层次、有针对性的英语学习活动，整合各种语言技能（听、说、读、看、写），给学生尽量创设真实的生活情境，让他们去体验并使用英语，复习课才能达到事半功倍的效果。

本节课教师就是通过多种方式创设主题语境（Situation），并开展基于主题意义探究的各种英语学习活动（Activity），复习该主题话题与语法知识以及与该主题有关的单词、短语与句型，也就是将语言知识与语言技能整合(Entirety)起来，作为一个整体复习。所有的学习活动均以“环保”主题意义探究为引领，以篇章为依托，最终达到本节复习课的教学目标，提高初三复习课效率。

“SEA”生动课堂之初三语法复习课例

非谓语动词

一、教学内容与学情分析

1. 教学材料分析

非谓语动词的用法是初中阶段的重点，非谓语动词主要是动词不定式与动名词，该语法项目是中考的重要考点之一，每一年均有考题出现。非谓语动词内容多而杂，但初中阶段需要学生掌握的并不难。

2. 学情分析

非谓语动词是初中阶段的重点语法项目之一，学生平时用得较多，大部分学生基本上已掌握了非谓语动词（动词不定式跟动名词）的用法，但对部分用法跟中考高频考点可能掌握得不够牢。但只要稍加引导，学生应能很好地完成教学任务。

3. 教学重点、难点

非谓语动词在中考中的高频考点以及非谓语动词在书面表达中的正确应用。

二、教学目标

1. 语言知识目标

（1）复习并能进一步掌握动词不定式跟动名词用法。

（2）知道非谓语动词在中考中的考点。

2. 语言技能目标

（1）能正确归纳用法并正确使用非谓语动词。

（2）能写出带有非谓语动词的句子。

3. 情感态度价值观

（1）通过参与活动和完成任务树立正确的生活态度。

（2）增强学生的合作、探究精神，并使之体会参与感和成功感。

三、设计思路

英语的语法复习课不应将英语知识割裂成一块块去教、去复习，而是应将所复习的目标语法作为一个整体来教，让学生学会运用英语、运用目标语法，将目标语法放在听、说、读、看、写中去复习。

语法课相对其他课型来说是枯燥乏味的，语法复习更是枯燥乏味。笔者设计非谓语专题语法复习课的过程中主要体现新课程的理念，运用“SEA”语法教学模式，设置情境，并在情境中设计各种语法复习活动，学生在 “听、说、读、看、写”中运用此语法项目并进一步掌握动词不定式跟动名词用法，最终达到能正确使用非谓语动词的目的，能用带有非谓语动词的句子表达个人的观点。简而言之，就是主动探究出非谓语动词的用法规则即高频考点，并且正确使用这些用法规则，在真实情境中能听出、说出、写出含有非谓语动词的句子。

四、教学过程

Step1 Lead-in

Introduce the topic with an English song.

Hello it's me. I was wondering if after all these years you'd like_______ (meet) ________ (go) over everything.

They say that time's supposed______(heal) but I ain't done much_______(heal)

Hello can you hear me?

I'm in California dreaming about who we used_______ (be),

When we were younger and free.

Hello from the other side,

I must've called a thousand times ________ (tell) you.

I'm sorry for everything that I've done.

But when I call you never seem_______ (be) home.

学生边听边填写以下单词

to meet, to go, to heal, healing, to be, to tell, to be

【设计意图】通过听歌填词来引出非谓语动词并初步复习了目标语法的结构，可以引起学生对该语法项目的兴趣并呈现该语法项目，学生不光看还能调动听觉，能让学生在真实的情境中去识别、感知其形式和特征。

Step2 Input Grammar presentation

学生阅读短文做有关非谓语动词的练习

We wanted (1) ______(study) how students at our school spend money. (2)_____(do) this, we made up some questions (3)_____(ask)our classmates. We asked them (4)_____(spend) their pocket money in a month. Then we asked how much money they spend on things like drinks, music, books and other things. Our maths teacher helped us (5)______(make) a graph (图表) of our classmates' answers. Then we thought it would be interesting (6)_____(compare) these answers with our classmates' expenses last year. It was a little hard for them (7) _____(remember) how much they spent on some things. We used their answers (8)______(make) another graph for their expenses last year. Seen from the two graphs, it was easy (9)_____(know) the expenses for the two years. Some of their expenses increased, but others decreased. This was a very interesting project for us.

【设计意图】让学生在篇章中对非谓语动词进行操练，既紧跟了中考，又提高了语言知识的输入量。在操练过程中，避免学生在单一语法练习时能正确答题，而在文章中出现时就发生遗忘、混淆的现象。

Step3 observe and conclude

做完练习，再让学生分析这些文章中所含的非谓语动词的句子，以小组讨论的形式，观察、探究、发现非谓语动词的用法，最后再总结出广州中考的高频考点。

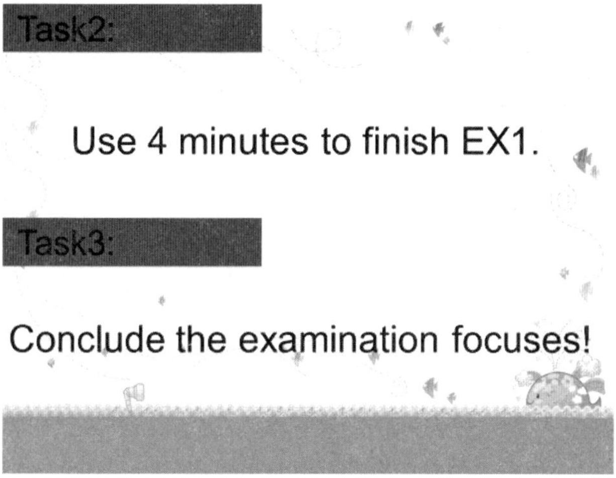

【设计意图】通过观察、分析、探究找到项目语法的结构与规则，在探究的过程中发展学生的思维品质如思维的逻辑性、系统性等；通过参与活动和小组完成活动增强学生们的合作、探究精神，符合英语核心素养对学生思维品质以及学习能力的要求。

Step4 Practice

1. 给出有关非谓语动词的历年中考试题让学生去做，让学生对中考的高频考点进一步了解。

2. 打地鼠游戏

【设计意图】让学生通过玩游戏记住非谓语动词的搭配，学生在玩中记住知识。其次，只有充分了解中考题型，学生复习才会更有针对性，才能充分复习备考。

Step4 consolidation

Display one sample composition and ask the students to find out the sentences about the non-finite verbs.

（2013 年广州中考）新学期开始，你就读的国际学生社团又开始招募了。假设你是社团负责人，请根据以下内容和提示要求写一篇英语短文，为新同学介绍下列社团的情况（包括名称、活动内容及其目的）。

【精彩例文】

Clubs are calling

The new term is coming. For all our new students, I would like to introduce some of our clubs.

Cool Players is a good choice for sports lovers. Here you can do sports one hour a day to strengthen your body, and watch sports matches. If you are interested in books, Smart Readers is a good choice. Reading good books and writing reading notes is useful to improve your writing and widen your horizons. Do you want to be a good cook? In Excellent Cooks, you will learn how to design healthy menu and cook dishes, which can lead to a healthy life. If you want to design your own clothes, come to Fashion Designer. You can learn a lot from the professional teachers.

These are the most popular clubs in our school, and hope you can join us.

● 2013 年广州中考真题●

① For all our new students, I would like to introduce some of our clubs.

② Here you can do sports one hour a day to strengthen your body, and watch sports matches.

③ Reading good books and writing reading notes is useful to improve your writing and widen your horizons.

④ Do you want to be a good cook?

⑤ In Excellent Cooks, you will learn how to design healthy menu and cook dishes…

⑥ If you want to design your own clothes, come to Fashion Designer. You can learn a lot from the professional teachers.

让学生去观察去模仿作文中含有非谓语动词的句子，再模仿写一篇作文。

【超级模仿秀】

下周，为了让家长更了解学校，你就读的学校将举行开放日（open-day），学校将举行一系列开放日活动，学生可以根据兴趣进行选择。请根据以下内容和提示写一篇英语短文介绍这些活动，并提出你建议增设的开放日活动并说明理由。

足球游戏 强身健体 鼓励合作	英语演讲比赛 提高英语口语 提高自信心	学习分享 (study sharing) 提高学习兴趣 学习好的方法	你的活动建议 理由?

【设计意图】广州中考的改革已经指明了初三语法复习的方向，即更趋于语篇、更趋于说、写的合理性，考查学生是否会真正运用这些语法知识，复习课更应让学生以篇章的形式去输出所复习的语法知识。

Step5 summary and homework

【实践反思】 2011 年版的《义务教育英语课程标准》提出终结性评价主要检测学生综合语言运用能力的发展程度，包括语言技能、语言知识、情感态度、学习策略和文化意识等五个方面。而且对语言知识的考查应着重考查学生的知识运用能力，不应孤立地考查知识点或对知识的机械记忆。终结性评价应将知识与技能的评价有机结合起来，着重考查学生在具体语境中运用英语的能力，渗透对情感态度、学习策略和文化意识的考查（教育部，2012）。由此看来，《义务教育英语课程标准》已经明确提出语言知识（语法）的教学要在语境、情境中进行，并且应着重于语言知识的运用而不是机械记忆。

广州中考（初中毕业生学生考试）英语考试命题以国家教育部 2011 年颁布的新《课程标准》所规定的第五级课程目标的等级要求、《教育部关于积极推进中小学评价与考试制度改革的通知》和《广州义务教育阶段学科学业质量评价标准》为依据，并结合广州市初中英语新课程教学实际情况（广州市教育研究院，2011）。由此可见，广州中考的测试目标是紧跟着《义务教育英语课程标准》而定，所以初三语法复习课也应紧跟中考测试目标和《义务教育英语课程标准》而定。

本节课是运用“SEA”（Situation, Entirety, Activity）生动课堂教学模式，创设了真实的情境与各种篇章语境，并且以歌曲（多模态语篇）引入本课复习的语法项目。通过一系列的语法学习活动，整合各种语言技能（听、说、读、看、写）去复习该语法项目，使学生基于已有的知识，依托不同类型的语篇，增强对该语法知识的进一步理解与掌握，落实并实践了《义务教育英语课程标准》中明确提出的语言知识（语法）的教学要在语境、情境中进行，并且应着重于语言知识的运用而不是机械记忆的理论。

第三部分

趣智德育篇

教育是什么？教育就是为了让学生变成更好的自己。老师就是在学生人生道路上的为了变成更好的自己的一个领路人。作为教师不光要会上课、教书，我们更应该会育人。只会上课不会育人的老师不是一个好老师。所以，总有专家说没当过班主任的教师不是一个完整的教师。但现实中却没有多少人愿意做班主任。班主任的确非常辛苦，工作多、活儿累、事杂。特别是初中阶段的班主任，孩子处于青春叛逆期，相对于小学的孩子单纯、将老师的话奉为圣旨，高中的孩子成熟、会换位思考、能体谅老师、比较好沟通而言，初中的孩子总觉得自己已长大，但行为却没有长大，所以出现的问题也就相对较多，给初中班主任工作带来了很大的困难。其实，对一个孩子来说，遇见一个好的班主任，有时候会影响孩子的一生，而每个孩子的后面又是一个家庭，班主任的工作虽然平凡但十分重要。笔者工作 23 年，班主任就做了 17 年，每一次做班主任都做得乐此不疲。其实，作为班主任，只要做好计划，合理安排工作，有智慧地开展工作，在工作中就能找到乐趣。做“趣”“智”的教育，让学生服你，学生必定会“亲其师而信其道”。如果每个老师在班主任工作中都能找到成功感，找到方法，就不会再排斥做班主任而是愿做一个幸福、快乐的班主任。

2018 学年班主任工作分享

各位学校领导，各位老师：

下午好！

将近 17 年班主任工作，年限较长，收获很大，现就几个方面跟大家分享一下做班主任的体会。

一、找准定位，找到我们教育学生的最终目的

时代在变，学生在变，但教育的根本不能变。我们学校的学生从 2007 年开始就进行了分层，区内的民办学校抢占了大量的好的生源，有些老师总是抱怨生源变差，学生难教，平均分下降。面对这样的学生，我们能怎么办？

我认为我们更应该重新审视几个问题：教育的目的是什么？我们的定位又是什么？教育绝不是唯分数论，教育要有情怀。教育是让孩子变成更好的自己。作为领路人的我们更应该重新定位，我们还要做有情怀的班主任。只有重新定好了位，明白教育的真谛，教师才会教得开心，教得更有成就感.

重新定位就要找准我们自身教育学生的最终目的，并明白教育的真谛是什么？那么教育的最终目的是什么？我一直认为教育就是让学生成为更好的人，如果能让学生不断进步，不断成长，那我们每位教师就会更有成就感。社会不光需要大学生、社会精英，还需要送水工、电工、修理工和服务人员。但不论我们的教育对象是什么，我们都要让他们成为有理想、有品德的好人。班主任要转变教育观念，给每个孩子机会，让他们养成好的性格，提高他们的学习能力、工作能力以及思维品质。当这些学生能在我们手里成为更好的人，毕业后能为社会做出他们应有的贡献，作为他们的老师，那何尝不是一种成功？每一个孩子后面都有一个家庭，而无数个家庭又构成了社会。当我们找准了自身的定位，我们就会觉得工作有意义，工作有意义，我们就会有幸福感，做有幸福感的工作，

我们最终也会感到幸福！

二、定好目标，做好三年整体规划

一个老师接手一个班做班主任，一般情况都是带三年，要当好这三年的班主任，目标的制定非常重要。一个老师除了制定短期目标如一个学期、一个学年的目标之外，制定长期目标更为重要。俗话说："预则立，不预则废。"每个班主任都要思考三年的目标与规划，这三年里，你想将学生培养成什么样子？三年中的家长会你将怎么开？三年的班会课你将怎样选择？这一切在接班之初老师就要做到心中有数。初中阶段学生处于青春叛逆期，他们无论是身体还是心理都正处在极速发育中，学生每一年都在变化，每一年都不同，作为班主任，必须要按照学生的成长规律去规划。班主任如果不想那么长远，总是走一步看一步，工作就总是被推着走，被事务牵着走，班主任工作自然也就做得辛苦而疲惫。

接手一个班要做好三年规划，每一年教师对学生教育的侧重点都要不同。初一时，注重中小学的衔接，特别是学生自我管理能力与好习惯的养成，初二要注重学习方法与同性、异性交友的教育以及青春期教育；初三因为面临中考，所以要注重理想目标、前途教育等等。而家长会也要根据教育学生的侧重点进行三年规划，每一年的家长会侧重点、内容与方式方法都应不同。以我带的这一届来说，三年的家长会，每一年开的方式方法都不同。初一开家长会时，我会为了培养学生的能力，在家长会上让学生唱主角，各个班干部、小组长轮番上阵，对班级的事务与班规以及学生的各种表现分门别类地分享给家长听。在家长会上，学生唱主角既锻炼了学生的能力，也让家长安心、放心。初二开家长会我会着重与家长进行有关青春期、学习方法、教育方法的探讨。为了让这种探讨更深入，我会加强与学生跟家长的沟通。初二我采用了家长跟学生一块开家长会的形式，甚至还开了次"世界咖啡"式的家长会。让他们互相将自己想说的话说出来，既教会了学生感恩而且也加强了他们之间的了解。初三的家长会更多地是跟家长一起想对策，为有压力的孩子减压，为不太努力的孩子打鸡血。为初三的孩子做好人生规划。

特别要说的是，家长会之前我还会进行家长的问卷调查，了解家长想要的。每一次家长会，家长丢下工作能来不容易，所以每一次开会都要让家长有所收获，有所获了那么三年的家长会他就都愿意来。

三年的整体规划使班主任工作更加顺畅。孩子也按照我既定的方向在发展，他们在品行、待人接物、尊敬师长、文明礼貌方面一直都做得很好，学生们自我管理也非常好。到了初三我这个班主任做得越来越轻松了，他们可以每天自我总结，小组评比，周结，月结，许多事我也只需要交待下去就行了，他们也完成得很好，上课的纪律也得到老师们的表扬。也许有的孩子中考考不上高中，但他们的工作能力却得到了极大的锻炼，我相信，这份能力会让他们终身受益，会让他们的未来走得越来越好。

三、多反思，多改变，多读书

其实我们许多老师有很多的经验，但欠缺反思，只有具有创造性的教师才能培养出具有创造性的人才，而创造的基础就是不断反思和研究。所以当我们进行班级管理遇到问题时，当处理学生问题遇到困难时，我们要学习他人的经验，多读书，多学习他人的经验，这些经验会帮我们解决很多工作上的困难。但要记住别人的经验不能照搬，我们要在借鉴使用时进行个人的反思，为什么这种方法上次可行而这次又不行了？别人为什么可以？我又怎样去改进呢？我的学生的问题跟别人的学生的问题有共性吗？教师在反思的过程中不断调整工作的方式与方法，在巨人的肩膀上最终形成个人带班的风格与方法。有了方法，班主任工作就不会觉得累。

四、做好服务，形成合力

一个班主任要管理好班级，光靠个人的力量是远远不够的，只有团结身边所有能团结的人，形成管理合力，班级管理才会变得轻松。那怎样才能团结身边的人呢？我认为首先班主任要有服务意识。班主任要树立为科任老师、为家长甚至为学生服务的意识；班主任要为科任老师排忧解难，要在学生面前树立科任老师的威信，解决他们的后顾之忧，帮他们呐喊助威，那么当你需要科任老师帮忙时，同事怎么会拒绝你？对于家长，多跟家长沟通，多帮家长，多站在家长的角度思考问题，家长就不会把你当外人，当家长信任你时，还有什么问题不能解决？当你已经团结了你身边所有的人，形成了管理合力，那么班级有问题发生时，大家群策群力，是不是比班主任单打独斗要强很多？

最后送大家一句德国著名教育家阿道尔夫·第斯多惠说的话："教学的艺术不在于传授本领，而在于激发、唤醒和鼓舞。"这同样也适用于班主任工作。

（2019年1月18日）

班级文化建设的几点做法与反思

文化被《辞海》解释为人类社会历史实践过程中所创造的物质财富和精神财富的总和。文化深刻地影响着文化教育中的人的一切理性与理性的活动，它对相应人格的养成和塑造都有着非常大的作用。班级是学生成长的一个重要小环境，在这个环境里班级文化建设对学生的行为有着重要的塑造、约束、激励和教育作用。作为一个班级我们应该加强班级文化建设。它是一个班的灵魂所在，是区别于其他班级的核心元素。一个班要想成为一个优秀的班集体，也必须进行班级文化建设。

班级文化建设既然是必要的又是必需的，那么又该如何开展班级文化建设呢？

俗语说“教无定法”，其实班级文化就像企业文化一样，每个班的班主任做法都会不尽相同。虽然理念不同，但是我们的目标却是一致的，我认为以下一些做法就应该是共性的，应该是我们大家都需要做的。

一、建立班级共同的“愿景”和班级发展目标

班级共同“愿景”也就是班级学生共同的理想、一致的追求、相似的目标。目标是前进的方向、战斗的动力。马卡连科说过：“如果一个集体没有目标，那就找不到组织这一集体的方向。”可见共同“愿景”和班级发展目标是多么重要。而为了尽快建立共同“愿景”，接手一个新班，教师要从以下几个方面着手：

1. 把目标细化为近景、中景、远景目标

把目标从时间上细分为近、中、远景目标，不仅使班级文化建设有了方向，而且也更加明确了班级努力、奋斗的方向。以我曾带过的初三（6）班为例子，学生一进入初三，我就为全班制定了近景目标，即上课配合好各科任老师，努

力学习并创建学习型班集体；中景目标即第一学期各科成绩有较大提高；而远景目标则为，初三毕业前班级要成为一个团结、积极、向上的优秀班集体。制定了“愿景”之后，在平时的管理中反复强化这些目标，这样一来，学生就有了非常明确的奋斗目标，整个班不仅有了凝聚力，而且力能往一处使。

2. 结合班级目标打造学生个人目标

班级目标是班级共同的努力方向，而只有班级个体在实现班级目标的基础上进一步为个人目标而努力奋斗，班级共同“愿景”和班级目标才会一一实现，所以班级文化建设离不开个人的目标。个人目标还不能低于班级目标。所以在给班级制定了发展目标之外，还要让每个学生自己制定自己的学习目标、奋斗目标和追赶对象，并将目标打印张贴在班级最显眼的地方，形成一个目标墙，时时提醒、指引他们努力的方向。

3. 制定班训、班歌、班徽，培养学生的团队精神和集体荣誉感，为实现班级共同“愿景”而努力

团队精神和集体荣誉感应是每一集体进行文化建设所着重追求的，而班级文化建设也不例外。为了培养学生的团队精神，让学生时时刻刻以班为荣，我首先在开学初制定了“诚信、团结、自律、勤奋”八字班训，其次又制定了三（6）班班徽。除此之外，又结合初三学生的现状让班干部创作了积极、向上、励志的班歌——三（6）班之歌。在有了班训、班歌、班徽的条件下，抓住每一次活动、每一个契机去教学生，如：活动课前念班训，班会课前唱班歌，而所有的班级公文、告示均要画上班徽。久而久之这些便牢牢地扎根于每个学生的心中，同时也会让他们以班为荣，增加了集体荣誉感。

二、优化教室环境、创建班级物质文化氛围

苏霍姆林斯基说过：“用环境、用学生自己创造的周围情景、用丰富集体精神生活的一切东西进行教育，这是教育过程中最微妙的领域之一。”而教育环境其实就是班级物质文化氛围。只有优化它才能更好地创建班级文化。有的人认为教室环境不就是课桌的摆放、教室的清洁卫生吗？这几乎是每个班都会做到的，其实不然，这只是班级物质文化的一个小部分，我们还可以从许多方

面入手去加强班级物质文化建设：

1.“花香”进课堂

什么是“花香”进课堂？其实也就是让花朵、让植物进入教室，让学生在教室养养花，如有条件的甚至还可养养鱼。每次开学初，我便用班费让班干部买几盆绿色植物和几盆鲜花，分别放在四个角落里和讲台旁，并每天安排专人专项管理、打理。也许有些人会觉得一个班级有这些东西太烦琐了，太难打理了，可我却不这样认为，其实学生在养花、养鱼的过程也是在养心——善心、恒心、耐心。它不仅能约束学生们的行为，同时也能鼓励每个人为班级贡献一些个人的资源，从而培养他对班级这个“家”的更深刻的情感和归属感。

2. 设立班级图书角，开展阅读竞赛

有人说：“阅读不能改变人生的长度，但它可以改变人生的宽度，阅读不能改变人生的起点，但它可以改变人生的终点。”所以阅读对于优化班级文化氛围是有很大作用的，我们应该让班级有“书香”。开学初，学生们自发建立了一个班级“图书角”，让学生和教师的好书在这里汇集，同时还购买了《读者》《中学生报》等报刊，利用班会课和中午自习定期开展“读书会”，有时还在平时举行阅读竞赛。

3. 班级处处有“心语”

班级文化首先是一种显性文化，可以看得见、摸得着的环境文化或物质文化。为了让学生处处看得见、摸得着，在三（6）班我让班级处处有格言、警句、温馨提示等“心语”，让学生置身于“心语”的海洋，让这些心语时时刻刻提醒着学生。例如：上了初三，为了激励学生，根据学生的实际情况在四面墙都张贴了激励性标语，同时又根据学生每天的表现，我会在黑板的角落里写上“每日寄语”，写下每天对学生的期望。为了提醒每个学生努力、认真学习，又让每个学生都在自己的课桌上贴上各自的座右铭、奋斗目标、追赶对象。除此之外，教室处处都贴有温馨提示：教室的门口上贴有“（6）班是我家，关爱靠大家”“进入教室，请保持安静”。电灯开关前贴有：“节约用电，人走灯关”，垃圾桶也贴上提示，提醒学生不乱扔垃圾。门窗旁贴有提醒学生关门、关窗的提示语等等。所以一走进（6）班，你会发现“处处有心语”，这些都起到了“润物无声”的教育作用。

三、多媒体、网络等现代化手段在班级文化建设上的应用

现代化的社会是信息化的社会，在进行班级文化建设时，我们更应该利用现代化的手段加强与学生、家长的沟通。改变传统的交流方式，使之在班级精神文化建设上发挥更大的作用。通过以下手段我也深深地体会到了这一点。

1. 建立班级 QQ 群、家长微信群，创建班级网上论坛。

2. 建立我的教师博客，加强师生交流。

自此凡是班上的通知，学生或学生家长有什么话想跟我交流都可以在网上进行。有了这些手段，我和学生还有学生家长的交流更通畅了，不需要面对面，在虚拟的空间里他们也更愿意放下伪装跟我畅所欲言，从他们的心里话到对班级的小建议等等，我们互相加深了了解，真正成了一家人。

实践证明这些做法是卓有成效的，三（6）班在班级文化建设方面取得了很好的成效。班风、学风得到了各科任老师的一致好评，学生的团队意识和集体荣誉感也得到了加强，班级学习氛围也变得更好，而所有的这一切又帮助学生提高了学习成绩。最后以初三会考为例，三（6）班在毕业会考中取得了非常优异的成绩，6 大科均超过了市、区平均分。

四、反思

都说教育是一门遗憾的艺术，这些做法虽然取得了一定的成效，但静思下来其实心中仍有许多的遗憾，有些细节，有些方面还可以处理得更好。只有不断改进、不断反思，才会取得更好的成效。

1. 目标要随着学生的变化而不断调整

建立班级共同“愿景”和发展目标并采取一系列手段为目标服务，事实证明是可行的而且是非常必要的。一个班有了目标才能确立班级文化建设的核心内涵，班级文化建设才有了方向，学生才能以最快的速度凝聚在一起。但是目标并不是一成不变的，随着时间的推移，当近景目标实现了，目标就需要不断调换、更新，这时候，中景目标就应成为近景目标，同样相应地也就要对其他

目标进行调整。

2. 发挥每个学生的主观能动性

班训、班歌、班徽的确对班级文化建设起了一个非常好的作用，但同时我又发现有的学生对此并不以为然。所以在制定这一系列措施时，要发挥每个学生的主体性。班训、班歌、班徽不能搞一言堂或由几个班干部草草决定，它应由全体班级成员共同参与、提出意见、最后再由全班表决通过。只有人人都参与到了其中，这些举措才会对每个学生都有吸引力与感召力。

3. 要有严格的制度去保障

苏霍姆林斯基说过："我们的教育应当使每一堵墙都说话。"花香""书香""心语"和一些温馨提示语等都在班级文化建设中起到了非常关键的作用。它会让你的班级处处显得生机勃勃，也会让学生对班级更加有归属感。但如果没有严密的制度上的保障，效果就会大打折扣。

虽然养花、图书角的设置的确都安排了学生去管理，如果缺乏使之细化、责任化的制度，最后就会出现有的学生比较负责管理得较好，而有的学生就管理得较差，效果自然就打了折扣。只有使之制度化、规范化并分阶段地加以提醒、评比、表扬，问题才能迎刃而解。

4. 要让"心语"流动起来

"心语"格言警句的确就像一盏盏思想的明灯指引着学生。但是我们知道学生每天都在变化着，学生所出现的问题也不会一成不变，而墙上一成不变的激励标语又怎能适应每天都在变化着的学生呢？久而久之，这些心语就会减少激励作用。而作为班主任我们应让每一条心语都会说话，让每一条标语都起到它应起的作用。如果我们每天不断强化它们，时时让学生去读读标语，并根据班级学生的情况对不合时宜的心语进行及时的更换与调整，那么这些心语才会真正起到作用。

总而言之，教育从来都不是一帆风顺的，在进行班级文化建设中只要老师肯去探索、去尝试，在不断的挫折中去反思就能找到更多、更好的适合自己班级的方式、方法。我相信只有不断地反思、不断地改进，我们的教育就一定会迎来百花齐放的春天。

基于小组负责制的班级管理

时代在变，学生在变，班主任工作也要随着时代的变化而变化。我也历经了几个阶段。从刚毕业时跟学生亲密无间，没有距离，到“保姆式班主任”，到“压制型”，后又变成学生见了我跟老鼠见了猫一样地“威严型班主任”，到现在可能什么类型都不像的班主任。

这么多年我采用了许多种管理方法与手段，从班干部负责制，到个人德育评价，再到我们明德中学的主体性德育评价，只要我觉得有用的都曾用于班级管理。这些方法与手段都或多或少地对班级管理起到了作用。但我发现一个问题，虽然学生的主体性有了很大的提高，学生之间也能进行评价与跟踪，当班干部的人多了，班主任的帮手多了，学生的问题很快能反馈到班主任这儿，但是学生只负责发现问题，而所有的问题，不论大小最后还是要班主任去解决、去处理。班主任要忙于处理这些问题，工作依然很琐碎、很忙，我跟真正的管理者还是相差太远。如果班上发生的事，小事情都由学生自己解决，而班主任只管一些大事，那老师不就会有更多的时间考虑其他事情了吗？俗话说得好：“懒妈妈养出的孩子才会勤快”。所以要将班级真正交还给学生。

我们知道，小组合作学习用于课堂教学中已经有很多年了，小组合作极大地调动了学生的学习兴趣，小组成员的互帮互助对“学困生”的不良学习习惯有一定的扼制与改进作用。所以我一直在思考一个问题：小组合作既然在教学中能有很大效用，那么用在班级日常事务中是否也一样有效？将班级分成几个小组，将班级所有事务交给小组承包负责，即用小组负责制去管理班级，会不会将班级真正地交还给学生？

于是从 2011 年那届学生开始，我开始了小组负责制来管理班级的实践。将班级的所有常规工作分到各小组去管理，而我作为班主任就只是一个调控者、引导者。经过几年的实践证明：这种管理方法是可行而有效的。方法是可行的，但老师在操作小组负责制进行班级管理时要注意以下几点：

1. 创建合理的小组

小组管理其实跟课堂上的小组合作学习一样，创建合理的小组非常重要。创建小组也要“组内异质，组间同质”，只不过同质与异质不能只看学生的学习，分小组时要根据每个学生的平时德育表现、成绩、兴趣爱好、性别来划分。每个小组按照平时的综合表现分为 ABC（好中差）三类，这就叫异质。而组与组的成员的德育综合表现应差不多，基本达到相同或相近，这就叫同质。小组管理主要就是对学生的日常行为进行小组比赛，通过小组竞赛调动小组每个成员的参与，只有每个小组德育综合表现都差不多才能开展小组竞争，公平的竞争才能使小组负责制更有效，学生的投入才会更多。所以，在进行小组负责制之前，分组时，老师就要根据每个学生学籍上的操行评价、老师评语、身高特长、入学成绩分等进行综合考虑。教师分好组，尽可能保持组与组之间平衡十分重要。

2. 小组成员分工

分完组之后，就要让小组成员人人有事做，而且要让成员之间互相管理。组内事务，事事都有人管，小组成员，人人有监督。因此，每个小组我往往会设立两个小组长，两个小组长只管理三、四个学生。同时小组长还根据自己小组的情况分别指定专人来管理小组成员的日常行为，如作业、纪律、卫生，等等。特别对 C 类的学生还指定专人跟踪与帮扶。这样一来，整个小组就形成了一个管理网络，学生之间互相制约，互相管理。

3. 做好小组建设

小组分好了，就要让每个小组最快形成一个集体，只有形成了集体，小组才会形成合力，“小组负责制”进行班级管理才能更顺利开展。要想让小组成为一个集体，小组建设必不可少。小组建设就跟班级建设有十分相似的地方，小组建设首先就要让每个小组有共同的奋斗目标与“愿景”，共同的奋斗目标与“愿景”才会让小组更有凝聚力，才会让整个小组成为一个真正的集体。笔者开学初分好小组之后，会专门利用一节班会课让每个小组进行小组建设，与他们“喝了一杯世界咖啡”。每个小组制定了自己的组名、口号与小组奋斗目标。

4. 将小组比赛与“主体性德育评价”结合起来

小组竞争是“小组负责制”的核心，而开展小组竞争每个项目的小组评价就很重要。而我校的“主体性德育评价”就可以起到很好的作用。“主体性德育评价”其实也就是每个学校都有的“德育考核”，只不过细节有所不同。小组分好之后，就要让每个小组成员负责一个方面的评价。让每个学生自荐或互选都成为班级的班干部、考评员。值日班长对班级每天的日常进行总体小组评价。而每个日常行为规范又有专人负责对个人与小组进行评价，个人的得分归纳到小组得分里。如学习委员对作业与上课进行评价，卫生与劳动委员对课室与包干区、纪律委员对午休进行评价，各科代表对每天的早读、午读和课前朗读进行评价。另外我们还有考勤员、仪表检查员、零食检查员、书柜、储务柜管理员等等。36 人，人人都是考评员。每项常规的“考评员”先对个人进行加分、扣分，再每天以小组进行结算。大课间结束之后，由四个宣传委员对各考评员提供上来的结果进行小组汇总结算，并于放学前将结算情况进行公布与公示。每天如此，评出每天的最佳，然后每周进行周排名，一个月又评出每月最佳与各组月排名等，并进行相应的物质与精神奖励。

5. 创建小组竞争机制

要想使小组负责制更有效，那么创建小组竞争机制非常重要。主体性德育评价针对的是个人，所以差的学生，其他学生也不会去帮扶，因为事不关已，高高挂起。班级常规管理中有学生违反了纪律也是要班主任去处理解决，很少有考评员去处理这些违纪学生，考评员只是记录，最终还是交给班主任去处理。而且，有时违纪学生也不服考评员的管理。但如果将个人的评价与小组的竞争与奖惩挂钩，那么每个小组成员都会对小组行为表现不太好的学生共同进行监督与帮助，小组中几个人共同来监管一个违纪学生，违纪学生“寡不敌众”怎么会不服管呢？激励小组成员都参与到管理中来，就要将个人与小组的奖惩挂钩，表现不好的学生的扣分也就直接影响到了其他组员的利益，也就会激发每个组员都参与到管理中，“一荣俱荣，一损俱损”，小组同时也形成了正气。

要让每个学生都重视小组竞争，用好奖惩很重要。其实每个孩子都是单纯的，有时候精神上的奖励比物质更受学生欢迎。我就用最简单的奖惩方法去刺激小组成员们进行小组比赛与小组竞争，如免去一次小组值日；免一次英语抄写作业；在班级群里告之家长进行表扬等等。另外每个月的第一名请小组长指派一个小组成员做获奖发言，并张贴小组照片进行宣传，而最差的小组要写反思，并张贴在公告栏一个星期。如果比其他小组差太多的我还会召开小组反思会，让他们开展批评与自我批评，并帮他们想进步的办法。

6. 小组制定各自的奖惩办法与组规

为了进一步刺激小组竞争与强化小组负责制，并解放我这个班主任，我又利用班会课让每个小组制定自己小组的奖惩办法与组规。这样一来，每个小组违反学校日常行为规范的组员就由小组按小组的组规进行处理了。而我只需要调控，给每个小组当坚强的后盾。有时我还会为了某个学生跟小组长求情。只有情节特别严重的就交由我来处理与谈话。这样一来班级一出现问题就能得到及时的解决与帮扶跟踪。班主任每天也不会为小事忙忙碌碌，这样班主任就能从琐事中解放出来，就有了更多时间去用在教学上。

小组负责制经过几年的实践取得了相当满意的效果。2011 年那届学生中，何文锋等几个学生一入学就被其他老师与学生叫做“六小天王”，给我班主任工作造成了很大的难度，但三年下来他们的变化是明显的，结果也是让人满意的。三年来，班级每个学期都被评为“校文明班”，我也多次被评为十佳班主任，而这“六小天王”顺利毕业，走入社会。那一届的中考成绩也不错，完成了学校所制定的目标。

基于积极心理学视角下的中学生自卑心理干预

“积极”一词来自拉丁语 positism，具有“实际”或“潜在”的意思，这既包括内心冲突，也包括潜在的内在能力。积极心理学的研究可以追溯到 20 世纪 30 年代 Terman 关于天才和婚姻幸福感的探讨，以及荣格关于生活意义的研究。20 世纪 60 年代，人本主义心理学和由此产生的人类潜能研究奠定了积极心理学发展的基础。美国心理学会主席 Seligman 提出要关注人的心理机能、重视人的潜能发展，激发人的积极情绪，帮助人们快乐与成功，引导人们走向幸福，很快， 这一理念为世人所关注，并发展成为越来越受重视的积极心理学。 比较消极心理学视角，积极心理学更为关注人的心理成分中积极性品质，重视人类潜在心理能力的挖掘，使心理学由单独的关于疾病或健康的科学转向关于教育、个体发展、生活与爱的科学。积极心理学所强调的对人的心理之正向能量和积极品质的激发在实际的中学生心理健康教育中有着极为重要的作用（李飞，2014）。

生活中每个人的生活方式、家庭环境不同，也就造就了不同的性格。自卑可以说是一种性格上的缺陷。表现为对自己的能力、品质评价过低，同时可伴有一些特殊的情绪体现，诸如害羞、不安、内疚、忧郁、失望等。心理学家阿德勒认为，自卑指以一个人认为自己或自己的环境不如别人的自卑观念为核心的潜意识欲望、情感所组成的一种复杂心理。其实自卑在本质上其最深层次的来源是: 对“负面自我”的不接纳。这种心理表现为对自己缺乏一种正确的认识，在交往中缺乏自信（主要因素），办事无胆量，畏首畏尾，随声附和，没有自己的主见，一遇到有错误的事情就以为是自己不好。这样导致他们失去交往的勇气和信心。

自卑有其家庭的因素还有自我的认识不足，以及消极心理暗示和个人成长经历等原因。自卑对青少年产生的危害是显而易见的，自卑的孩子会对自己失去自信，进而否定个人，总觉得他自己不如别人，悲观失望，甚至孤独离群，情绪化，最终影响他自己的学业。处于青春期的孩子们，因为这样那样的原因更容易自卑，而这种情绪一旦漫延是对每个个体乃至整个集体都会产生负面的影响，所以及早对中学生的自卑心里进行积极干预十分重要。

所谓“心病还需心药医”，只有从自卑者心理上着手，用积极心理学去积极暗示、培养学生的自主、自信、自制、自强等积极向上的心理品质，才能从源头上彻底地解决这一问题。

一、应用积极心理暗示，正面鼓励，激发学生的自我积极暗示

康普顿在其著作《积极心理学入门》中这样写道：“积极心理学家要去发现和培育天赋和才华，让日常生活更令人满意，而不仅仅是治疗心理疾病。”积极心理学就是要人将注意力放在积极的角度，那么就不容易受到消极影响。而让人将注意力放在积极的角度，作为班主任就要应用积极心理暗示，教会学生了解自己，发展自己适合的目标，成为他们想成为的人。

那么什么是积极心理暗示呢？暗示一般指人或环境以不明显的方式向个体发出某种信息，个体在无意中受到这些信息的影响，并做出相应反应的心理现象。不管是对在班级中自信的或自卑的学生，暗示的作用都是积极有效的。“随风潜入夜，润物细无声”，教育很多时候是一种爱的暗示，如春风化雨般在无声无息中感染和影响学生。老师可以用技巧性的语言或表情，给予学生有效的诱导和暗示，从而使学生逐渐改变原有的自卑感和不好的态度，达到学生向自己说自己心里话的目的，从而达到鼓励学生的目的。这一方法对性格比较内向的学生作用更加明显。

2017 年，学校因为生源人数问题，突然调整班级额度，减少了一个班，将减少的班级的学生平均分到了其他几个班，学生陈明建来到了我们班里。这次学校重新分班，让我偶然成了他的班主任。刚认识他时，一个干干净净，白白净净的男孩，成绩中等，在班上是最容易被老师忽略的那一群人，既不违反纪律，但也从不会获得荣誉。他话不多，平时见了我的面从不说话也只是对我一笑。如果不是一次组长跑过来向我投诉，在我心里，我会一直认为他是班上最省心

的学生之一。组长向我投诉说，明建从来不参加小组活动，轮到他们组值日，总是不值日，组长批评了他，他居然申请调出小组，要坐在教室角落里，要自成一组。这时我才认真地观察，审视这个孩子。我发现凡是在英语课上需要做结对或小组活动时，他总是一个人不愿意跟其他同学一起做活动。小组要集体完成任务时，他也总是把自己排除在外，好像他只是个看客。上课从不举手回答问题，平时也独来独往，由于这个孩子成绩尚可，也从不违反纪律，所以老师也不怎么留意他。我拿起了他的学籍仔细阅读，然后又打电话跟他的父母沟通才对他有了初步的了解。明建家庭环境一般，父母江西人，在广州做小生意，为了给他更好的教育，父母只将他接来广州，而留下妹妹在老家上学。也许正是家里的经济环境以及对他的过度期望与管教，这个孩子从初一开始沉迷网络游戏，人也变得越来越消极，父母只要一开始管他，就总是引来激烈的争吵，他的父亲因为他玩手机游戏已经摔坏了几部手机，现在的他越来越少跟父母沟通，人也变得越来越沉默。了解这种情况之后，我又问了班上其他的学生，深入地了解了之后才知道这个孩子有这么大的问题。经过仔细分析他的种种表现后，又经与他父母和他的长谈得知，原来是他的内心出了问题。由于家庭的原因，他不会广州话，所以他不愿跟其他学生交朋友。又因为家庭相对其他孩子来说比较贫困，他就总觉他跟其他同学不同。父母过度期望又给了他极大的压力。每当他不能达成父母对他的期望而又遭受不断的挫折时，他就变得更加自卑，最后变成了现在这样小心翼翼、离群沉迷游戏的一个孩子。

面对这个如此内向的孩子怎么办？只有让他自己改变自己，建立积极向上的心态，才能消除负面、消极的影响。而他是一个自尊心极其强的孩子，要面子，也不想让其他同学同情他。那该怎样去帮助这个孩子？既然不能明示那就只有积极暗示了。我决定采用“随风潜入夜，润物细无声”的办法帮他建立自信与乐观的态度。

首先，上课我会不断给他创造机会，有意无意让他回答他一定可以回答出来的问题，并大力表扬，表扬他学习认真，暗示他是个很棒的孩子。其次，给他找优点。课堂上让同学一起努力找他的优点并对优点进行正面鼓励，激发他个人的自我积极暗示。我仔细观察他，发现他虽然不出声，但总是将自己收拾得干干净净的，校鞋也总是擦得白白净净，而不像其他男孩子衣服总是脏脏的，于是我总逮到机会表扬他的仪容仪表，也总是开玩笑让其他男生向他学习。刚开始他对突如其来的表扬有点儿惊讶，表扬多了，好像也变得有点儿理所当然了，不断表扬他，让同学们也注意到了他的优点，同学们对他的关注渐渐地也多了起来。最后，“投其所好”。我发现这个孩子喜欢玩游戏，所以电脑跟电子产品都用得比较好。于是我决定又从他的特长入手。新学期开学没有多久，我就任命他为班级电脑平台管理员。有时我会故意装作有些电脑操作不会，故意让他帮我解决平台上所出现的简单问题。当他解决好了问题时，总是当着全班学生的面发出由衷的表扬，渐渐地正面鼓励起到了作用，我给的暗示激发了他个人的自我积极暗示，电脑平台管理员工作做得非常出色。其他老师也对我反映他管理平台积极主动，而我又及时向他父母反馈，让父母对他进行表扬。

经过一段时间的共同努力，这个孩子慢慢有了变化，上课比以前更认真了。慢慢地他将我当成了他的朋友，他只要下课就会拿本书来找我问问题，有时没有问题也会来办公室溜达一圈。慢慢地，他有心事也会跟我说，还聊他的家庭，他的烦恼，渐渐地这个孩子脸上笑容越来越多。他也愿意主动跟其他同学们交往，上课也能跟其他同学一起做活动了，几个男孩子主动要跟他交朋友，有时还看见他们一起坐公交，一起聊游戏。他不再是那个胆小，不敢跟同学老师说话的孩子了，成绩也有了长足的进步。

二、积极关注，引导学生辩证认识自我

积极关注最早是美国心理学家罗杰斯提出的，也称作正向关注。即以积极的态度看待对方，对对方的言语和行为的积极面、光明面或长处给予有选择的关注，利用其自身的积极因素促使对方发生积极变化。每个人都有自己的弱点和优点，当我们一旦只关注自身的弱点就会越发失去自信，最后变成一个完全失去自信的人。对待这些学生我们应努力发掘这种孩子的优点与长处，让他们多做一些力所能及、有把握的事情。同时强化这类孩子的优点，让他们不断成功，因为每一次成功都是对自信心的强化。让孩子辩证认识自我，悦纳自我。

学生黄曦入校成绩三科加起来没有超过 100 分，成绩较差而且平时爱吃，

身形较其他同学有点儿胖。小时候比较调皮，学习习惯不好，从小语、数、英三科成绩就不理想。老师跟家长批评他较多，批评得多了不仅仅成绩没有进步，行为也变得更加懒散，学习更加没有动力。进而同学们也越来越不喜欢他甚至有点儿排斥他，渐渐地他变得越来越自卑。刚上初一时，语数英三科的确基础太差，成绩不太理想，虽然他也想努力，但基础太差，旧的知识一时难补上，新的知识又来了，不会的知识越积越多。一次我看了地理老师给我的班上小测成绩，他居然考了 85 分。我惊讶极了，后来又找到历史老师、生物老师了解他的成绩，我发现其他科不太需要小学基础的科目他学得非常好，每次地理、历史能考 80 多分，远超过很多学生。我明白了这个孩子语数英三科学得较差是因为基础太差，但其他的，不太需要基础的科目，他可以学得很好，甚至比许多孩子都要好。我知道我应该不断强化他这种优势。于时我立刻任命他为地理科代表。并且跟其他老师沟通，上课多安排他回答问题，每次考试总是大力表扬他的地理跟历史成绩。同学有历史、地理问题安排他去帮助其他同学，久而久之，我发现一提到这些科目，他开始自信地表达自己的观点，作为地理科代表还能大胆地带同学们进行课前读。进入了初二，我用同样的方法鼓励他去学物理，效果同样很好，他的物理成绩越来越好。最后他的物理成绩进入了班级的前十名，同学们看他的眼光变得不同了，提起他不再是一脸讨厌，而是欣赏他的物理成绩的优异。这些成功也间接地驱散了这个孩子内心的自卑，他对自己也有了新的自我认知，辩证认识自己，不再是只看见自己的缺点，而是全面认识自我，悦纳自我，不再自卑。因为他每一次的成功都是对他自信心的强化，而有了自信，这个孩子也变得越来越阳光，班上越来越多的孩子愿找他做朋友。

“自我效能感”理论告诉我们，只有当人们胜任某些活动、认为自己在这些方面是有能力的，才会产生对这些活动的内在动机。反之，当人不断地受到挫折，便会感到自己对一切都无能为力，丧失信心，这种心理状态叫习得无助感。积极心理学认为，人的本性是偏爱积极，要让人获得足够的积极情绪的体验（冯丽洁，2010）。引导学生辩证认识自我，正确积极审视自我，强化孩子的优势，才能让他远离自卑。

三、运用皮格马利翁效应对自卑学生进行积极期待

自卑的孩子都有一个共性，即缺乏身边人的积极期待。罗森塔尔效应又叫皮格马利翁效应，即教师的期望或明或暗地传送给学生，会使得学生按照教师的期望的方向来塑造自己的行为。所以如果对自卑的学生给予积极正面的期待，并引导他们制定个人可行的小目标并不断对此目标进行正面期待，自卑的孩子就会朝着我们的期待方向发展。

趣智德育故事

班级管理既是一门技术，也是一门艺术。无可争议，班主任工作辛苦，经常吃力不讨好，事事处处亲力亲为，累得筋疲力尽，但最终却只换来低效回报。最终没感动学生与家长，只感动了自己，甚至有人调侃说：“我待学生如初恋，学生虐我千百遍”。作为班主任，如何让我们的付出有收获，有效果，找准方法很重要。德国著名教育家第斯多惠说过：“教育的艺术不在于传授本领，而在于激励、唤醒和鼓舞。”对待出现了问题的学生要找对方法，用不同的手段去解决不同的问题。十七年的班主任工作有太多的充满智慧又有趣的小故事，只要善借巧力，用“四两拨千斤”的方法就可以解决许多班上出现的问题。

一张小纸条的故事

一进办公室，看见级组办公室记录班上迟到学生人数的小黑板上写着三（4）：迟到人数 2 人，心里“咯噔”一下，“不用说，又是那两个。”果不其然，还是这两个学生。

开学初，学校让我接手三（4）班，未当班主任之前就已经对这个班有了一个大概的了解，全班其他学生表现都正常，只有 6、7 个学生相对来说在学习、和日常行为上有所偏差，而其中表现最差的是两个人：朱文迪和黄庆轩。这两个人上课不听讲、课堂上捣乱，想上课就上，不想就迟到、旷课。而抽烟、在校闲逛也是经常的事，以前的班主任常找他们聊天，德育主任也专门找他们，他们可以说是办公室里的常客，但行为习惯还是没有改进，他们的这些行为还影响了班级其他的几个蠢蠢欲动的偏差生。如果他们不上学，其他学生就表现正常，但只要他们上学，就影响一大片。这两个人让以前的班主任伤透了脑筋，也让许多老师束手无策，甚至两个学生的家长也都对他们失去了信心。虽然在接班之前就已经有了一定的心理准备，但没有想到当了班主任之后，才几天这两个“烫手山芋”就真的给我带来了一系列的麻烦，而迟到就是其中一项。

刚开学，级组严抓迟到，班上其他学生迟到一、两次之后，经过批评教育之后会有很大的进步。而这两个人依然故我，每天慢腾腾地来到学校，既不带书包，也不带校卡。迟到之后，找他们谈，一副“无所谓，你能把我怎么样？”的表情，可谓“油盐不进”。经过几次的正面交锋，效果都不明显，难道真的放弃这两个孩子？看来要改变方法。

慢慢地，我发现可能以前他们已经习惯了被批评，在学校被老师批评、在家被家长骂，甚至在他们的潜意识中已经认定为自己就是最差的，是无可救药的，所以最后就破罐破摔，我行我素。我静下心来思考，发现他们其实就是两个缺乏关心、缺爱的孩子，之所以不断出现问题，有时就是为了引起老师对他们的关注。找到了问题的根源，也就找到了解决问题的方法，那就是要多给他们关心，让他们知道老师、家长都是爱他们的。多年的批评已让他们对老师有了距离，一般的方法已起不到任何效果了，当面表扬，他们根本不信，认为你是在讨好他们、骗他们，他们并不认为你是在关心他们。那么该怎么办呢？突然，灵机一动，我想到了一个办法。

他们又迟到了，像往常一样我喊他们进了办公室。刚进去，这两个学生歪着身子，拖着步子，慢腾腾来到办公室。一副“快点批评，还有什么招快使出来，我已做好了‘英勇救义’的准备”的表情。谁知，我什么话都没说，既不批评也不表扬，只是摇摇头，并每人递给一张小纸条，让他们回教室。因为没有面对面，我把我想说的和对他们的期望以及他们的优点都写了上去，让他们自己去体会我的苦口婆心和我的关心。接着每天或每隔一段时间只要有空我都会给他们一张小纸条，写着“今天，你进步了，老师为你高兴。”“今天上学没迟到，你真棒。”“今天物理课得到了老师的表扬，加油！”“上课努力不睡觉，你做得到的。”等等。一张张带着我的关心和期望的小纸条及时送到了他们的手中，原抱着“死马当活马医”的心态去做这件事，我不知道对他们会不会有效果。谁知一天天，他们进步了，小黑板上记录迟到的数字越来越少，甚至有一个星期为零记录。他们原来上课不是睡觉就是讲话，现在讲话基本上已杜绝，睡觉现象也已大为改观，有的课堂甚至还做了笔记。

小纸条为何会有这么大的威力？其实对于处在青春叛逆期的中学生，有时候交谈并不是心灵沟通的最好形式，在这种情况下，笔与小纸条便成了师生对话的合适途径。教师可以比当面谈话更全面、更真实、更细腻地传达对学生的关心与期望，学生没有办法去屏蔽我的关心与期望，从而我可以更主动、更准确、更有效地对学生进行心理辅导。一张小纸条更能让他们知道老师是真正在关心他们，一张小纸条既不花太多时间又能及时和他们交流，又能畅所欲言。所以一张小纸条才会有这么大的魔力。

“里应外合”巧治迟到

担任班主任每天总会遇到各式各样的问题，我相信学生迟到绝对有可能是每一位班主任都会面临而且又很头痛的问题，我也不例外。担任班主任每次接到一个班就总会有那么几个人屡屡迟到。而他们每次的借口总是大同小异：起床晚了，没赶上车，堵车，父母没叫起床等等。根治迟到并杜绝迟到好像就变得那么“遥不可及”。

俗话说：“知已知彼才百战百胜”，担任初三（4）班班主任已经三年了，虽然我对他们知已知彼，可同时学生们对我也“知已知彼”并清楚了解我，对付他们的那几点招数他们也已了然于胸，学生笑说“三板斧”，不就是德育考核扣分、写说明书、补值日而已，所以班上几个学生迟到现象比前两年有过之而无不及了。看来以前颇有效果的“三板斧”要及时进行调整了。

美国心理学家马斯洛在1943提出了需求层次论，马斯洛将人的需求分成生理需求（*Physiological needs*）、安全需求（*Safety needs*）、爱和归属感（*Love and belonging*）、尊重（*Esteem*）和自我实现（*Self-actualization*）五类，依次由较低层次到较高层次排列。而每个学生成长不同，追求不同，所以个人需求也不大相同，有些学生还处于比较低层次的需求，而有的孩子却追求更高层次的需求，所以根据不同孩子的需求，按需来利诱。马斯洛的需求层次论认为，需要是人类内在的、天生的、下意识存在的，而且是按先后顺序发展的，需要是一种激励因素，但满足了的需要不再是激励因素。所以要真正解决迟到的问题，看来还是要找到学生真正的需求，并且激发他们想满足这种需要的欲望，从内因去解决而不是用各种外因。如果我用强制、处罚等手段去解决这个问题，外因只能治得了一时却治不了一世。所以找到内因需求很重要。此时此刻，如何让学生对不迟到有内因需求的问题摆在了我的面前。

我一直在思考学生在哪方面有需求呢？他们对什么事情看得特别重呢？我

私下里跟很多孩子沟通，了解他们的想法。很快就发现处于青春期的孩子好像更看重别人对他们的评价，一是同学的评价，二是父母与老师的评价。孩子在青春期，自我意识开始不断地增强，他们特别在意自己在别人面前的表现，尤其是在异性面前。这个阶段的孩子，他们感觉自己已经是大人了，自尊心也高度发展，他们对外界的评价很敏感，十分渴望别人的肯定和认可。当他们受到肯定和赞赏时，就会产生强烈的满足感；但当他们受到批评和否定时，就会产生强烈的挫败感。

那么是否可以从这方面入手呢？好的评价是否就是他们的内因需求呢？当他们想要更好的评价，自然就会有努力的欲望，如果迟到能跟学生各方面的评价相联系那是否就可以解决迟到这个问题了呢？

俗话说；“擒贼先擒王”“杀鸡儆猴”，只要抓好几个典型，其他的学生自然也会有所改变。所以我先将目标定在了班上最爱迟到的两位学生，一个男同学吴家豪和一个女同学张小欣。这两个同学各有特点，一个是太懒，爱上网，沉迷网络游戏，每天睡觉太晚所以第二天起不了床，父母也不太管他。另一个女同学既有客观原因也有自身的原因，她家住得比较远，其次她本身对自己要求也不够严格，将迟到当成家常便饭，转入我校时原来在一个比较差的民办学校就读，以前不仅常迟到，还经常旷课。因为父母管不了她才转到我们学校。每次找她聊聊，她总是无所谓的表情。所以选定这两位学生最恰当不过了。定好目标后再在班上跟全班学生约法三章，班级杜绝迟到守则：第一次迟到要写说明书，第二次迟到要电话通知家长，第三次迟到要家长来班上向全体同学道歉。这三项让每位学生都知晓，特别是让这两位学生知晓。学生看到守则也并不当一回事，尤其是最后一项，学生都以为只是说说而已，没有人相信我真的会这么做。所以这些爱迟到的学生依然故我。对学生“约法三章”之后，就分别跟这两位家长私下沟通，让他们里应外合配合我。刚开始，家长还有点儿迟疑，但我动之以情晓之以理，告之迟到的危害以及给班级和个人所带来的害处，以及此次合作起到的教育意义，要他们配合我的工作，一起帮助孩子们。家长们纷纷同意跟我一起“里应外合”。得到了家长的认可与支持我便开始了第一次尝试。果不其然，刚公布了班级迟到守则没多久，这两位学生就又迟到了。

第一次写说明书，没当一回事，接下来又有了第二次、第三次。学生以为我让他们家长来学校，在班级向同学们道歉只是说说而已，谁知我真的在他们迟到的第三次把这两位家长请到了学校，并利用班会课时间让这两位家长来到班上向全班学生进行说明、道歉。家长虽然有点儿难为情，但因为之前已跟学生家长进行了沟通，他们仍然里应外合圆满完成了任务。当这两位家长来到班上时，我仔细地观察了一下这两个孩子，他们始终低着头，看来这一招真正地触动到了他们。

家长来到班之后，我分别又找了这两位学生谈话，我知道这一次真的有成效了，他们觉得没面子，对父母感到内疚。内疚感是孩子们成长的最好动力，知错——内疚——改正——进步——成长，人生之路不就是这样走出来的吗？果不其然，在接下来的日子里，这两位迟到大王就真的几乎没有再迟到了，而同时这一招也触动了其他的学生，迟到现象在班上越来越少，最后基本杜绝，直到初三毕业。

其实现在回过来细想原因无外乎有两点：1. 学生最关心的是同学跟父母对他的评价，而家长来学校向其他学生说明原因，这样就让他们失去了同学、父母对他们好的评价。他们要想得到这种好的评价，改变现在不好的评价只有努力改变，努力不迟到才会避免。2. 家长来学校对家长来说也是一个督促，让他们意识到迟到不仅仅是学校应重视的问题，家庭也应重视，所以就间接地弥补了以往家长对这方面不重视的缺陷。3. 内疚感是一个人进步的最好动力，如何把一个人的内疚感、知耻心挖掘和调动出来，则是一门艺术。我们要借助孩子在青春期阶段“爱面子”的特点，把他们的这种心理转化成一种积极向上的动力。

一场特殊的时装表演

刚进办公室，还没坐好，我就看见班长急匆匆跑过来："老师，老师，家乐和税财他们还是没穿校服，而且……而且还染了发。"听到这，我的头轰地炸开了，"怎么搞的？我昨天才批评了他们的呀！怎么不听？专门跟我作对？看来，这个班可真难管呀！"

这个学期，根据学校的安排，我中途接手初二（1）班。接手前，原来的班主任就善意地对我说："这个班有两大天王，他们的鼓动性很强，管不好他们这个班就很难带。"起初，我还不信，不就是十四、五岁的孩子嘛，不就是有点儿调皮吗？我才不信这个邪呢！

可接这个班没几天，我就发现我的想法太过简单，学校规定学生必须穿校服，不能穿奇装异服，不能留长发，更不要说染发了，开学第 1 天，我就给班上制定班规，就特别强调不能穿奇装异服，不能留长发，可是偏偏这个班不穿校服的人就是那么多，我这才知道我工作的艰巨了。

经过几天的观察，我发现男同学往往以两个学生为榜样，他们还封他们为我们学校的 "谢霆锋"，2004 年谢霆锋是许多男孩的偶像，男孩喜欢谢霆锋非主流式的摇滚打扮。这两个学生以此为荣，时刻模仿着谢霆锋的打扮，几乎从来不穿校服，平时都是稀奇古怪的衣服，就是穿校服也只是上身穿，而下身总是穿着可以拖地的、大型喇叭裤，他们对学习没有兴趣，成绩很差，喜欢和社会青年交往，而不是同班同学，这给其他同学带来了很坏的影响，造成一部分学生的跟风以及整个班的班风和学风每况愈下。

了解到这种情况之后，我决定"擒贼先擒王"，给这两个人来个下马威，用教师的威严，来压一压他们的威风，下课后我留下了他们，先严肃地批评他们违反校规的行为，再苦口婆心一唱三叹地跟他们谈，从以前谈到现在，又从现在谈到未来，从班规的严肃性，破坏集体荣誉的严重性到学习的重要性，整整谈了半个小时，他们两个低着头不说话，似乎对我的话很赞同，我心想这下好了，我的教育目的达到了。

刚开始事件似乎也正朝着我预期的方向发展着，平静地过了两天，这两个学生都能和其他学生一样穿校服回校，我甚至有点儿沾沾自喜，殊不知刚让我高兴了两天，第三天又出现了状况：他们两个人穿着紧身的小T恤和肥大的拖地的喇叭裤，脖子上还带了一条银链子，神气活现的出现在班上。当我看见他们两个，气不打一处来，这不是屡教不改，明知故犯吗？我心里只有一个想法，要严惩，一定要严惩！于是我在班上毫不留情地批评了他们，并要求他们家长到学校来。

当着家长的面，我仍毫不客气地批评了他们，我和家长共同的批评，似乎使事情得到了圆满的解决，可是意想不到的事情又发生了，事情变得比第一次更糟糕，第二天一上学班长就给了我一个不好的消息，他们两人故意跟我斗气，不仅不穿校服，而且还染了黄色的头发，似乎在对我说，我们就是不穿校服，你能拿我怎么样？

静坐良久，我反而冷静了下来，这件事不能不使我有所触动，我深深的反思：十四、五岁的青少年，虽然思想不成熟，但也有自己的想法。处于青春期的他们往往有着叛逆的个性，不愿受约束，由于缺乏正确的是非观和审美观，他们极易受不良事物的影响。教师的严厉批评和责罚，只能使学生表面屈从于教师，但内心深处并没有认同教师的话，相反骂的太多、太凶，只能使学生对老师产生抵触心理，师生间的距离拉大，教育就更难达到目的。想到这，我对自己以前的一些冲动做法有点自责，他们也是一个个有思想、有主见的人啊！作为班主任我应该从他们的角度先了解整个事情，弄清他们的想法，才能找到问题的根源所在，才能更好地解决问题。

问题的症结虽然找到了，用什么方法去解决呢？这又是摆在我面前的一道难题，要了解学生是怎样想的，面对面地交谈已经使他们对我有了防范，他们不愿把心里想的告诉我，那该怎么办呢？我马上就想到了心灵周记。自从接手这个班之后，为了加强和学生的沟通，了解学生的心路历程，我要求学生写心灵周记，这不正是我解决当前问题的最好媒介吗？于是我给全班同学布置了本周心灵周记的统一话题，要求同学们就服装问题发表看法。这个方法果然有效，同学们纷纷畅所欲言，这两个学生也不例外，他们写道："老师其实我们不喜欢穿校服，是觉得校服不好看，千篇一律没有一点个性，看看谢霆锋，那才叫酷呢…… 。"

看到他们的话，我陷入了深深的沉思，其实学生的想法并不像我们想的那么复杂，只是他们的审美观念出现了偏差，的确随着社会环境的日益复杂，各种各样的信息充斥着校园，十四、五岁的初中生思想欠成熟，分辨能力差，极易受到影响，但他们的模仿能力却特别强，求新奇，好出风头，所以经常会出现审美上的偏差，看来，培养学生正确的审美观，提高学生对美和丑的分辨能力是多么重要啊！

我开始思索解决问题的办法，叶圣陶先生说过，"教就是为了不教"，苏霍姆林斯基也曾说过，"没有自我教育的教育，不是真正的教育"。是的，发挥学生的主体作用，让他们去反思，反省自己，教育自己，不好过我苦口婆心地反复说教吗？让他们自己去找到美、体会美、认识美，不是好过一点惩罚吗？

于是我决定通过班会课来让学生进行自我教育，经过几天的准备，我在班上组织了一次别开生面的时装表演。在班会课的前一天，我安排了几个学生去准备各式各样的校服：冬装、夏装、运动装和符合中学生打扮的各类服装，并安排一部分学生为模特，同时，也让那两位学生准备他们自认为漂亮的衣服，也安排了一些学生做模特。

班会课开始了，当穿着校服的学生，踩着轻快的音乐，手里拿着书本，或拿着足球、篮球在班上做着各种动作时，他们充满青春气息的打扮和动作，引来了同学们的热烈掌声，而当穿着紧身的短袖上衣，拖着超大喇叭裤，或者上身穿校服，下身穿着不伦不类的裤子，脚上还穿着他们自以为酷的拖鞋的模特上场时，他们的打扮和他们手中的书包形成了很不协调的反差，全班顿时轰堂大笑。时装表演完毕，我让学生说一说当时的感受，学生们纷纷发言，他们说得特别好。其中有一个学生说："青春美应该是有朝气的，应是符合我们学生身份的自然美，我们的打扮应是朝气蓬勃的，矫揉造作而过于成人化的打扮，只能使我们丧失我们应该享受的青春。"我偷偷地发现在学生的讨论中，那两个学生低下了头。

班会课之后，我趁热打铁，又让学生以“什么是美”为话题，再写一篇心灵周记，当我再次看到他们写给我的话时，他们有了很大的转变。他们写道：“老师，我知道你是为我们好，经过这一次活动，我知道了我的看法是片面的。的确，处于什么样的年龄阶段，就应该有什么样的打扮，老师，我知道该怎么做了，谢谢您。”

我想，我当时一定露出了欣慰的笑容……

奖惩“自助餐”

奖惩激励是班级管理中最直接有效的方法，在班级管理中运用最为普遍，青少年由于生理和心理的因素影响，处在幼稚和成熟并存的阶段，这个时候需要外界的力量引导其发展，明确对错，促使其心理发展和生理发展的相互协调，奖惩就最鲜明地告诉了学生什么是对，什么是错。教师可以用奖励来促使学生养成一个好习惯，而同时用惩罚引导学生正视自己的行为，并反思自己的行为。

实施小组合作评价管理班级初期，班级管理会很快收到成效，学生的能力得到了锻炼，班级会向着好的方向发展，但是一件事情运行久了，初二（2）班的孩子就学会了钻空子，慢慢地，班上的孩子就有了一点儿倦怠。小组的奖励与惩罚不足以完全激励到学生。这时候，怎么办？我就在小组评价的基础上再加上了个人每天评价，对每个学生每天的个人行为如考勤、上课表现、作业、值日等进行评价，做得好的及时加德育考核分，并每周统计一次，个人加分超过 10 分进行奖励，而扣分超过 10 分的进行惩罚。奖励与惩罚规则让学生自己制定。为了制定出学生喜欢的奖惩条例，我专门为此在初二（2）班开了一节主题班会，给学生讲了一下个人评价的原由，以及评价方案。孩子们一听兴奋极了，特别是平时表现好的学生，因为他们终于不用再被小组里面行为表现较差的学生所拖累了。我先让学生小组内部讨论奖惩规则，哪些要进入到奖惩规则中，要实行哪些奖励。在班会上，我特别强调：所有的奖惩以精神为主，以学生能接受的范围为限。孩子们自己制定出自己喜欢的奖惩规则，然后每周就他们个人评价的情况进行奖惩，这种规定让每一位孩子兴奋，因为“我的世界我做主。”很快，各种五花八门的奖惩规则出台了：

二（2）班自助奖惩“菜单”

A. 个人得分超过 10 分的可以自选以下奖项奖励；

B. 小组连续三次获得第一名，小组成员全部可以获得一次自选以下奖项的奖励；

1. 奖励一次免英语家庭作业；

2. 拿一张免罚卡；

3. 单线通知家长，并在家长群里进行表扬；

4. 奖中午玩手机 10 分钟（自带手机但要交老师保管）

5. 可以奖中午管午休一次；

6. 可以给老师提一个要求；

7. 奖棒棒糖或水果；

8. 做一次老师的小助手；当一次值日班长；

9. 张榜表扬一周；

10. 免值日一次。

C. 个人扣分超过 10 分或违反班规，须自选以下一项惩罚：

1. 扫办公室与“静悟轩”拖地一次；

2. 交手机给老师保管一个月（视情节情况写保管时间）；

3. 在班级表演一个节目；

4. 写反思说明书（500 字）；

5. 通知家长减一周零花钱；

6. 罚抄单词或课文（由班干部指定）；

7. 通知家长或在家长群里进行批评；

8. 静坐、思过 30 分钟；

9. 多值日一次；

10. 为班级做一件好事或帮助班上同学一次。

出台了奖惩规则之后，考评员就严格地对每个学生进行评价，然后每周进行总结。凡是评价超过 10 分的，就让他们采取自助餐的原则，自己选择一样他喜欢的奖励，而评价扣分超过 10 分的，就必须在这 10 种惩罚的项目中，自由抽取一样对自己进行惩罚。奖惩“自助餐”很好地弥补了小组合作的弊端，更好地引导了孩子的行为，让孩子养成了一个更好的习惯，而学生也非常乐意接受这种引导。

最后一次儿童节

学生从小学迈入到初中，意味着他们从儿童转向了少年，从懵懂无知渐渐走向成熟。所以初一过的儿童节是他们人生中最后一个儿童节。也是每个孩子人生中的一个重要节点。

生活要有仪式感，仪式感的目的，就是让学生自己感受生活。在人的一生中，每一个节点都要有至关重要的一个仪式，有了仪式，我们才会不断地约束自己，知道什么该做，什么不该做，让自己约束自己，并在感受生活中不断成长。仪式可以让我们生活更有秩序，让我们的品质更加优秀，有仪式的人生才是多姿多彩的人生。

初一下学期临近六月份，不断地有学生跑过来问我："老师，老师，我们今年还能过儿童节吗？""老师，我们六·一还放假吗？""老师，老师，我今年还能收到礼物吗？"望着这一群纯真而又带着期盼眼神的孩子，真不忍心告诉他们，你们已经是初中生了，不能再放假过儿童节了。这时，级长跑过来跟我们说，我们可以利用第八节班会课给学生开展一些活动来庆祝他们最后一个儿童节。望着这一群纯真的孩子，我在想，难道就这样子，让他们从儿童直接走向少年？

忽然，我灵机一动，心想，这不是最好的一个教育契机吗？我可以利用这个他们人生中的重要节点，给他们上一次直击心灵的教育课，让他们明白，他们已经从儿童走向了少年，他们应该告别儿童的懵懂，慢慢地学会走向成熟，学会有责任感，学会有担当。

说到做到，我马上开始着手策划，为了让儿童节更加有仪式感，让他们难忘，就必须要有家长的参与。于是我马上通知了全体学生家长，让家长给孩子们写一封信。家长们接到我的任务，非常乐意的去做这件事情，很快一封封饱含父母深情的信送到了我的手里，并且家长们还自发捐了许多的小礼物。

然后，我还瞒着孩子们偷偷地采访了学校校长、主任，还有任课老师，并让他们给所有的孩子录了一个祝福视频，祝福他们长大，并送上寄语。最后又让每个孩子准备一份小礼物，同时在礼物上写上祝福语，让他们在儿童节的那一天，互相交换，互相抽取，交换礼物。而我也精心为他们每个人准备了一份我的礼物——笔记本，并在每本笔记本上写下我的祝福："亲爱的初一（2）班的孩子，来到明德中学快一年了，今年的六·一也是你最后的一个儿童节，从此以后，你将告别童年，走向成长。成长意味着有责任，你要对自己负责，个子只是一个高度，年龄是记载你成长的历程。向老师还是那句话，一份耕耘，一份收获，努力不一定有收获，但不努力，收获的机会都没有，加油孩子！"

一切都准备好了，万事俱备，只欠东风。六·一儿童节的那天，家长们主动给孩子们买了许多食品，让孩子过个丰盛、难忘的儿童节。于是我利用第8节开了这次有仪式感的儿童节party。主持人先让每个小组展示自己的才艺，做游戏，然后再让他们谈谈最后一个六·一儿童节的感想。之后同学们互相交换礼物并送上成长祝福；接着我又播放了老师对他们的祝福视频。在活动的最后，我亲自给每个人送上我给他们准备的儿童节礼物，送完礼物之后，庆祝活动达到了最高潮——我朗读了写给他们的儿童节期望信。信中我这样写到：

亲爱的孩子们：

当我们过完最后一个儿童节的时候，难道就是告别"童年"了吗?

实际上童年是很难告别的，对童年的依恋，在人生的各个阶段中都会反映出来，即使是向老师自己，到现在也会充满感情的怀念童年。特别是能与你们朝夕相处，向老师的心会更年轻，所以向老师其实在内心还是很感激你们，感谢老师的生命中能拥有你们，能铭刻你们的身影。虽然我有时也经常责怪你们，今天谁又没交作业、谁没值日、谁扰乱了课堂、谁顶撞老师，但是请相信，老师还是很爱你们的，所谓"爱之深，责之切"。所以请你们体谅老师的一片苦心，在今天这个特别的日子里，祝大家六·一儿童节快乐，并能永葆一颗纯真的心灵！

在这里还想说的是，过完这最后一个儿童节，也意味着你们长大了，这是大家不得不接受的事实，不管你愿不愿意，长大了就意味着一种责任，所以也请你们能够学着对自己的学习负责、对自己的人生负责。向老师多么希望，再过两年，当你们从我的视线里走出去的时候，能够一个个走向理想的地方，你们知道现在老师们对大家的评价说的最多的是什么吗？他们都说2班的孩子都很聪明，但除了十几个学生外，很多学生都不愿意勤奋学习。我仔细想想，你们还是不太成熟，还将自己当成儿童，从今天起，你们已不再是儿童了，你们已经走向了成熟。那怎么能不对自己的人生负责呢？成熟意味着责任，而你们现在有些同学在对自己、对学习、对生活的表现，就是典型的不负责任！那么，在今天这个特别的时刻，让我们在心里告诉自己，我将告别过往的错误，在保留纯真的同时开始有责任的人生吧。拿出你的责任心吧，让我们一起努力，用优异的成绩来证明自己的成长。

蝴蝶在“茧”里居住的时候，是很舒服的，无忧无虑，可是那不是蝴蝶应有的生命，那不过是个丑陋的蛹。蝴蝶灿烂的生命，是在它冲破茧的束缚后开始的。蝴蝶美丽的翅膀和优雅的飞行方式，都是它独自在阳光下表现出来的。

让我们和养育、保护我们的“茧”说再见吧；让我们愉快地和童年告别，开始我们有责任的人生吧！

向丽老师

2017年6月1日

他们人生中最后一次的儿童节就是在这么有仪式感的氛围中度过了，我相信，这次儿童节一定会成为学生心中最美的回忆。

榜样的力量

苏霍姆林斯基认为，我们的教育对象的心灵绝不是一块不毛之地，而是一片已经生长着美好思想道德萌芽的肥沃的田地，因此教师的责任首先在于发现并扶正学生心灵土壤中的每一株幼苗，让他们不断壮大，最后，排挤掉自己缺点的杂草。作为班主任要善于发现美好的人或事，并让这些美好的人或事不断壮大最后影响到他人。发现榜样、树立榜样十分重要。

“榜样”，一个总让人觉得遥不可及，一个看似不可触及又内心无限向往的名词，“以人为鉴，可以明得失”，榜样是一面镜子，可以成为我们行动的参照，让我们在寻找差距和缩小差距中不断前行。榜样不仅是一面镜子，也是一面旗帜，可以作为我们奋斗的目标，给予我们强大的精神号召力和向上的牵引力。学生从榜样的身上，可以汲取智慧和力量，用榜样的力量激励他们不断前行。正如一位专家曾说过的，“一朵具体的花，远胜过一千种真理”。

新的学年又接收了一批初一年级的新生，而我又被学校任命为一（2）班班主任。临近开学的 8 月底学校组织学生参加军训，作为班主任，一定要参加，于是，我们来到了黄埔军校参加为期 5 天的军训。军训的最后一天，学校跟教官组织大家进行大联欢。军训的基地也为这次大联欢准备了很多的水果、饮料、瓜子和花生。然后以班为单位分成几个小组，一个小组一个桌子，学生们按小组坐在一起，每个班推送两个节目，其他的学生坐在下面，边吃零食边观看节目。劳累了 5 天的孩子们，终于可以放松了。很快我就看到桌子上的零食，已经所剩无几，垃圾丢在桌子上却没有一个人主动清理。临近尾声，我正准备安排几个孩子清理垃圾时，突然看见一个个子不高、长得非常憨厚、虎头虎脑的小男孩，默默的拿着垃圾袋，将他们桌子上的瓜子壳、花生壳和其他垃圾清理到垃圾袋里，然后将垃圾丢到了垃圾桶里，再用抹布抹干净桌子。只见他弄完他们组的桌子之后，又收拾起其他桌子上的垃圾来，一切都非常的自然。我认真地定睛一看，发现原来是许楚炯。也就是这次军训中，教官所选出的5个优秀学员之一。一时间我深深的记住了这个孩子。

开学了，我特意关注了一下这个孩子。我发现每次他见到老师，总是弯下腰向老师行礼，然后大声地说老师好。我每一次给他递东西的时候，他不会像其他学生单手拿了就走，他总是很郑重地两只手去接。我又问了其他老师，其他老师也说是。我还默默地关注到当他发现班上有垃圾的时候，他总是一声不出地把垃圾捡起来，当看到老师在讲台上站久了，他总是默默地将椅子放在老师的跟前，而且一切做的都是那么的自然。通过这一系列的细微的表现，我知道：在军训期间，清理垃圾、帮助他人的行为，绝不是他“偶然为之”。

一个十二、三岁的孩子，如此的懂礼貌，讲规矩，而且乐于帮助他人。拥有这样好的品质的孩子，应该要让其他学生也向他学习，他应该成为其他学生的榜样。虽然这个孩子的成绩一般，但比学习成绩更重要、更可贵的是人的品质，做人要比学习更重要，因为学习可以一辈子去学。所以我决心让他成为学生们的榜样，让榜样带动整个班级，让班上的学生都成为有礼貌、懂规矩、乐于助人的孩子。

首先，我毫不犹豫地任命他为班上的班长，让他在管理班级事物时，用自己的行为来感染其他同学。同时我不断地在班上表扬他的行为，表扬同学们没有注意、没有做到的而他却做到了的细节，让同学们信服他，佩服他，也进一步强化了这些做法。其次，开家长会的时候，专门请他的家长发言，分享他的家庭教育。分享他如何将孩子培养成为一个懂礼貌、有担当的孩子。家长会请他的家长发言，其实也是间接对这个孩子进行表扬，而且又一次强化这种好的行为。同时也让同学们知道，这种行为表现是真正值得表扬、值得肯定的。另外，我还将他的行为介绍给各个科任老师，让各科任老师也不断地留意，并对他进行表扬。

久而久之，学生们知道他们应该向他学习。榜样的力量是无穷的，其他孩子也慢慢地受到他潜移默化的感染，也会努力向他靠近，向他学习。一段时间之后，班上见了老师问好的学生越来越多；老师派发东西的时候，双手接物品的学生越来越多，慢慢全班的学生都这样做了，包括那些平时很调皮的孩子。

又一个新学期来了，班级里每一个新任老师，都会向我发出感叹，“哇，你们班上的学生真有礼貌啊，每一次我发东西的时候，他们总是双手去接老师的东西，每次见到我，他们都会打招呼。”

榜样的力量是不可估量的，言传身教好过无数次教诲，一朵具体的花，真的远胜过一千种真理。

“六小天王”征服记

新学年开始了，学校又安排我做一个班的班主任。上任初始，为了解每个孩子我就反复看孩子们的学籍表，其中几个孩子老师的评语进入了我的眼帘。其他的孩子基本上都是优，只有几个是良，而其中一个老师直接写到：“该生比较调皮，学习态度有待提高”“该生时有违反班规的行为出现”“该生不善于跟同学交往”等等，看到这些话，我特别留意了这些学生的姓名，心想这几个可能就是以后班级的问题学生。

果不其然，开学之后没多久，这几个孩子便自然而然团结在了一个名叫何文锋的小男孩身边。这个小男孩正是我特别注意的几个孩子其中的一个。虽然小小个子，但人非常机灵而且聪明，记忆力也很好，学东西很快，但是就是不太爱学习。后来我又特意了解了他家的家庭环境，原来，他们家只有他一个孩子，但家庭环境一般，父母卖水果为生，没读过书，也不会教小孩子，动不动就打小孩，但有时又有点儿溺爱孩子，平时没时间教孩子。什么事都是用钱来解决问题。这个孩子虽然个子小，但却崇尚暴力，动不动就动手来解决问题，久而久之，学生们都有点儿怕他，几个调皮的孩子居然就“团结”在了他的周围，他居然就自然而然地成为了他们中间的老大。

其他五个人都在小学时就或多或少沾染上了一点恶习，例如刘俊涛从小学就开始跟隔壁班的一个学生在外与社会青年交往，还经常夜不归宿；其他几个家庭条件都较好，有的是独子，有的是父母做生意，父母很忙，没有时间管他们、陪伴他们，但是物质上却永远不会亏待他们，造成他们每天无所事事，但总喜欢找点儿事。正是这样的家庭环境造成了现在的情况，无心向学，但却精力旺盛、爱惹事，总想与众不同，特立独行。这些孩子多余的精力无处发泄，在班上总要弄出或大或小的事情。

开学还没有一个月，就已经接到了很多老师与学生们的投诉。老师投诉他们上课不听讲，不仅不做笔记，还干扰其他人学习，有时故意大声说话，老师批评他们，他们还跟老师顶撞。而学生的投诉就更多了，一会儿班干部过来说，何文锋几个学生恶作剧，将男同学的鞋脱了然后扔到女厕所了，那个男同学没鞋穿，只能打着赤脚来找我。一会儿又有一个男孩哭着来跟我说，上完“大课间”之后上楼梯时，何文锋等几个人要脱他的裤子。一会儿又有人来报告，厕所边上消防栓被他们几个强行打开，他们几个一起玩消防栓里的水，弄得走廊到处都是水。而我就像个灭火的消防员，不时地要到处灭火。每天我都要关注他们的表现，找他们谈话，向科任老师了解他们的表现。每次他们犯了错就让他们进办公室站着，并找他们父母沟通。每一次他们都承认错误极快，并向我保证：“下次再也不犯同样的错误了”。但过一段时间又依然故我，总是认错但又总是不改。

好不容易有一段时间没收到老师跟学生对他们的投诉了，我感到一阵惬意，正准备坐在办公室里备课，就又看见班长急匆匆地走进办公室，对我说：“向老师，这次何文锋他们没有玩水，改玩火了。他们带了打火机回来点火在烧垃圾。”我一下子起身跑向了班级，这次我是真正地去灭火了。我一路小跑跑进教室就闻到了火烧的味道，我还只是望向他，他们就老实地将打火机交给了我，还没等我发话，就走向办公室，好像一切都那么自然。不断犯错但却总是不改。看着他们那么自然的样子，我知道他们并没有真正认识到自己的错误，看来我必须试着改变，要想办法从根上解决这个问题。与“六小天王”的斗争正式开始了。

一、知己知彼，百战不殆

“知己知彼，百战不殆”出自《孙子·谋攻篇》，意为如果对敌我双方的情况都能了解透彻，打起仗来百战就不会有危险。所以要想征服这“六小天王”，那首先要彻彻底底地了解他们。于是我通过多种途径去了解他们，从学籍档案到同学们的评价，从老师们对他们的看法，再到他们父母对他们的评价与期望，彻底全方位地了解他们的家庭状况、家庭条件、父母文化以及他们的个人喜好。

我了解到这些孩子的父母本身没受过什么教育，基本不会教孩子，平时也很少跟他们沟通，孩子遇到问题，首先想到的是用打或骂来管教他们，但这些家长还是很关注他们的学习情况，也对他们抱有希望，希望他们能多读一些书。科任老师向我反映，他们还是有上进心的，表扬他们时，那节课他们就表现会好些。了解到这些孩子的具体情况后，我觉得我更有信心征服他们。只要孩子还有上进心，还想得到关注，父母还爱着自己的孩子，还关注孩子的成长，那么这些孩子的行为就有希望得到改变。

二、找准目标，擒贼先擒王

古战场上有战术云："射人先射马，擒贼先擒王"，意思是抓住敌人的首脑，给以致命的一击，让群敌无首，再将其各个击破。所以对付这六人小团体，其实就是要搞定他们的小头头，其他的自然也就乖乖听话了。这六小天王不用多了解就知道，他们的小首领就是小个子的何文锋，别看他个子在他们中间不算高，但居然威信在他们中间是最高的，何文锋聪明，点子多，而且自理能力强，有决策力，很有做大哥的潜力，其他的几个孩子自然地都听他指挥。于是我将工作重点放在了这个孩子身上，不再全面开花去找其他五人解决问题，而是解决一个，工作一下子就轻松很多了。

三、委以重任，严于律己

美国心理学家威廉·詹姆斯有句名言，"人性最深刻的原则就是希望别人对自己加以赏识。" 古人云："教也者，长善而救其失者也。"虽然后进生、问题生有很多不足之处，但是他们也有积极的长处，所以教师要注意观察他们身上的闪光点，教师要抓住他们的积极因素和闪光点，改变他们的心理状态，激励他们前进的信心和勇气，并将闪光点放大，变成问题学生转化的起点。何文锋虽然调皮，但从另外一个方面说他很聪明、机灵，他的精力旺盛，当旺盛的精力没地方宣泄时，自然就会找些事情来做，来宣泄他无法释放的精力，所以最好的办法是给他任务，给他事情做，当他有事可做，旺盛的精力有地方迁移，自然就不会再做些恶作剧。除此之外，何文锋不仅精力旺盛，还有执行力，能让其他五人服从他，说明他会管理人，有管理能力。既然他有这方面的能力那就给他重任，委以重任，让他发挥他的管理能力。这样的孩子往往非常重义气，如果老师赏识他，给他重任，信任他，他就会用他的努力来回报对他的赏识，正如俗语说的“士为知己者死”。于是我马上找他谈话，并在班上宣布他为班级的纪律委员，全权负责班级纪律、班规的执行。刚开始他不相信我会将这么重要的任务交给他，我跟他进行了一次促膝长谈，谈了他的优点与缺点，告诉他老师相信他、信任他有能力管好班级的纪律，而且他会以身作则，自己也不会再违反班规、违反纪律。高帽子一戴，他立刻向我表决心，决心努力作好纪律委员，不负我的重托。我心里高兴极了，他掉进了我给他设下的“坑”里，我想征服他们已不远了。

果不其然，他严格地按照班规管理班级，对每个学生都严格要求，他的那五个好朋友也不例外，当自习课他们五个人忍不住要讲话时，他就会制止他们，那五个人立刻就不出声了。而当他一有小的退步或想调皮时，我就常常对他说，“你是纪律委员呀，如果你都违反班规，以后没人会听你的了。”一经敲打，他就收敛了很多。而我就在班上大力表扬他管理班级得力、出色，不断强化他好的方面跟优点。

久而久之，班级清静多了，中午不再有值日老师跟我投诉我班中午午休纪律差，自习课纪律差了。班干部向我投诉这六小天王的事情越来越少了。最后这六个孩子都顺利毕业，有的考上了高中，有的上了职中，但他们都走上了正确的人生道路。几年以后，何文锋来学校看望老师们，告诉我他职中毕业之后自主创业，开了一个奶茶店，生意红火，正打算扩大经营。而其他的五小天王，各有发展。

试题泄密之后

忙忙碌碌时间就过得特别快，一转眼就到了一个学期的中段。以往每个学期的中段考都由我们所在片区跟区其他片区联合出卷。临近期中，突然收到片区通知，本学期不组织和其他片一起中段考，由各个学校依据各校学习情况自行安排。意思也就是可以组织，也可以不组织。我们知道，考试不仅是对学生学习情况的评价，还有一个更为重要的作用，那就是对老师的教学情况进行一个反馈，教师就会根据反馈情况不断调整、改进教学的方式与方法。一个学期过了一半，怎样检测学生的学习情况并给我们老师进行反馈也只有考试才是最直观的。学校领导征求了老师们的意见，大家一致认为还是要中段考。但是时间紧，老师出试卷任务又重，于是学校的领导又与我区其他几个兄弟学校的领导商量，最后他们达成一致意见：干脆来了个"几校联考"，每个学校负责一个学科的试卷，这样一来既减轻老师的负担而且考试评价、得到的教学反馈又更广。于是，几所学校就说干就干，出试题的出试题，联系印刷的联系印刷，一切都按部就班地进行着。我们老师们也按部就班地复习，等待期中考的来临。

考试一切都是非常顺利的，考完之后，信息技术老师很快就将学生的答题卡的成绩给了我们，我高兴地打开电脑准备好好分析下考试成绩，看着看着，发现不对头。咦，小杰70分的答题卡拿了60分？我擦了擦眼睛，以为我看错了，再认真一看还是60分，没错。"这不可能呀？"我心想，平时的小测，小杰可是20分都很难拿到的，这次有可能这么高分？再看了几个同样调皮的学生，分数居然也很怪，与他们平时的成绩相差太大。难道是真的学习进步了？可才半个学期，成绩进步幅度这么大，没可能呀。难道是监考不严？他们偷看别人的？可是小杰周围都是基础跟他一样差的学生呀，看哪个的？不可能呀，又难道是手机互传信息，手机作弊？我百思不得其解。

我迅速将我怀疑的事情汇报给了年级组长以及其他班主任。我们几个班主任认真一查英语的成绩，并与上学期期末成绩进行对比，我们马上发现了很多问题，看来这次英语考试真的有猫腻。

那么该怎样找到猫腻呢？我们商量之后决定：每个班先找一两个成绩最异常的学生进行调查，各个突破，不声张，以免打草惊蛇让他们串供。我们班我将目标定在了小杰身上。于是吃过中饭之后，我只找了小杰，想先从他口中得知一点儿真相。刚开始，他理直气壮地否认作弊，只是说：“抄旁边的”。可我告诉他，旁边的才考了十几分，他立刻改口说是瞎蒙的。看来是他不见棺材不掉泪，然后我拿出一张新的试卷让他再次瞎蒙给我看，这下他不出声了。于是我又旁敲侧击地说，其实我们都知道他们是怎样作弊的，只是想让他自己告诉我们，只要他肯说实话，承认错误，老师不会给他处分。所谓“攻心为上，攻城为下”，最后小杰终于说出了整件事情的真相，也解了我们老师心中的迷团。原来原计划的几个学校联考，几个学校要统一时间，统一科目进行考试，但因为隔壁有一学校的教导主任看错了方案与时间，将英语与数学考试的时间调换了。结果，本该周五才考的英语变成了周四考。而两间学校相隔不远，很多学生小学都还是同学，所以晚上，该学校的学生就将英语考试的试题与试卷答案放在了他们学生中的 QQ 群里了。他们一传十，十传百，自然而然我们学校的一部分孩子也就知道了答案。他们还建立了一个答案群，将答案分享给了群中的二十几人。

了解了整个事情的真相，我喜忧参半。忧的是：孩子们还是缺乏诚信。考试作弊既是原则问题，也是道德问题。作弊既是对自己的不尊重，也是对别人的不尊重。对其他真正用心付出过的人很不公平。可能偶尔会一时得逞，给作弊者极大的精神和物质上的鼓励，进而更加激励和坚定这一人群将作弊进行到底的信心和决心。但这绝不会是长久之计，社会不会让他们永远无穷尽地占领别人的劳动成果为自己谋取私利。喜的是：孩子不是主动运用各种手段或其他方式直接作弊；更喜的是：虽然事发突然，但这不是一个难得的教育契机吗？

有效的教育当然离不开班主任一系列超前预想和事先准备——悉心地拟定教育计划，精心地构思教育方法，耐心地组织各种教育活动等等，但这绝不意味着这一教学过程只是教师的“道德输出”和学生的“道德输入”（2014，李镇西）。通过偶发事件挖掘教育因素，是一个做教师的一种技巧与智慧。所以我当机立断，决定增开一次有关诚信的主题班会。在班会上，我说了这次中段考试题泄露之事，但为了保护参与其中的孩子们的自尊，让他们能在反省中对自己进行自我教育，我没有透露任何一个孩子的名字，只是将这件事情摆出来，让他们去思考、去反思这件事。我让孩子们讨论：作弊的危害是什么？为什么我们不应该作弊？我们应该怎样才能取得好成绩？孩子们七嘴八舌发表各自的观点，虽然十三、四岁的孩子还很单纯，很多时候对事情的对与错他们没有那么多的正确认识，但只要老师引导得好，他们就会不断增强自己的分辨能力。孩子们稚嫩的话语让他们每个人都去反思本次事件，让坏事也变成了好事。

在班会的最后，我对他们语重心长地说了几句话："孩子们，我知道你们都希望取得好成绩来回馈家长与老师们对你们的关心，你们的出发点是好的，也说明你们都有上进心。但孩子们，你们的方式与方法却用错了。学习与考试不是为了老师，更不是为了家长，学习与考试是为你们自己。你们的考试只不过是对你的这一段时间的学习进行检查与评价，让你知道你还有哪些知识没有掌握，需要补上。同时，你们的考试还是为了让我们老师更好地帮助你们。如果你们作弊的话，那么我就没法帮助到你们了，我不知道你们哪些知识是真正不会的，我没法帮你们查缺补漏。信任很难建立，但是一旦摧毁就更难修复，老师对你们的信任也一样。就像你们在墙上钉个钉子，虽然你们后来可以把洞堵上，但是那个痕迹永远都在那里。如果你们作弊，那么今后你们再和我说什么，老师都很难再相信你们了。一个人最重要的品质之一是什么？是诚信。若干年之后，没有人永远记得你考了多少分，但永远有人记得，有些人是不诚实的，而作弊的人也会永远被记得。未来的路还很长，你们还会遇到很多次考试，这一次只不过是你人生中小小的一次考试，但老师希望经过这次之后，你们每个人都能真正长大，为自己而学，为自己而考。孔子也曾说"知之为知之，不知为不知，是知也。"

班会结束了，但我相信这节班会课的影响会久久留在学生们的心中。

一次别开生面的家长会

苏霍姆林斯基说过："如果没有整个社会首先是家庭的高度素养，那么不管老师付出多大的努力，都收不到完美的效果。学校里的一切问题都会在家庭里反射出来，而学校复杂的教育过程产生的一切困难的根源也都可以追溯到家长。"教育是一项结合又分离的极其复杂的学习过程，在学校有老师教导，回到家里也需要家长辅导，才能让孩子更好地成长，所以家长会的召开，有利于交流问题，老师和家长一起更好地辅导孩子，才能发挥老师家长相结合的最大优势。教育仅凭学校单方面的力量是不够的，必须把家庭、学校结合起来，形成相互协作的局面，从而共同寻找最佳教育方法，以达到育人的目的。

而家长会无疑是让学校、老师和家长走得更近的一个平台，通过这个平台，大家在理解和沟通的基础上更有针对性地对孩子实施教育，一定会让学生更好地健康快乐成长。一次成功家长会的召开有利于进一步加强家、校之间的沟通联系，提高家长对教育的重视程度，形成家、校教育同步化，发挥学校教育，家庭教育的合力作用，同时也能最大限度地消除老师和家长之间的误解以及家长对学校工作安排的不理解，为学校的教育教学工作敞开方便之门。家长会对家长来说，可以更好地更清楚地从老师这里知道孩子的学习、困惑、缺点、表现和不足等，这样才能有利于家长对孩子在学校情况的了解，才能科学、有针对性地培养孩子，才能让孩子更好成才。对孩子来说，家长来参加自己的家长会，是对自己的重视，从心灵上让孩子知道自己在父母心里的位置，也可以一定程度上激励孩子。而对于老师们来说，可以和家长谈一些教育孩子的技巧等，也可以了解孩子在家的表现，更有利于做到因材施教。

家长会的好处其实我们老师跟家长都知道，但随着学生升入初中，家长总觉得一切已成定局，孩子已养成习惯，也能自理，所以他们不再像小学那样对孩子的每一件事操心。又因为孩子大了，上了初中之后，在许多家庭里，孩子的父母几乎都要上班，他们“工作忙”已成为常态，孩子初一的时候，因为孩子刚刚进入初中，所以还能坚持参加家长会。但如果每次家长会都是校领导讲、班主任讲，久而久之，家长会得不到他想要的，开家长会的家长就越来越少。久而久之，家长会成了学校每个学期应付的一项工作，失去了它本来应有的效果。

我们班上的家长会也慢慢地出现了这样、那样的情况：每次开家长会，有的家长总是用这样、那样的借口请假；有的家长只是人到心不到，开到一半就离开；又有的一结束就匆匆离开，没有很好地跟我们各科任老师互动；还有的家长抱怨说每次开家长会都是老样子没有新意，浪费他们的时间；更有甚者，有的家长说工作太忙，走不开身，教育孩子我们都懂，所以才不来开。

那么该怎样开家长会家长才愿意来呢？我又要开什么形式的家长会呢？就这个问题，我一直在思考解决问题的办法。我一直在心里问自己，如果我是一位初中孩子的家长，我需要什么样的家长会？什么样的家长会才会让我愿意请假并花一个下午来参加？我也是一位孩子的家长，学着换位思考，如果我去开家长会，我想得到什么？一想到这，我豁然开朗。要想让家长愿意来，必须要让每个家长有所收获。只有每一次有所获，他们才会期待每一次家长会。想到就做到，于是当学校布置又要开家长会了，我决心开一次别开生面的家长会。

要想知道家长们在家长会上关注什么，想要有什么收获，首先要了解家长的需求。我们知道众口难调，只访问几个家长不能代表绝大多数，所以为了了解每个家长的需求，我做了一份家长会需求调查问卷，让学生带回去给家长认真填写。调查问卷如下：

初二（2）班家长会调查问卷

1. 您的孩子经常向您反映自己的想法或其他情况吗？（经常与您沟通吗？）（ ）

A. 经常　　B. 偶尔　　C. 很少　　D. 不沟通

2. 您和孩子谈的最多的话题是：（ ）

A. 孩子感兴趣的事　　B. 孩子的为人处事

C. 学校里发生的事　　D. 社会新闻

3. 在孩子成长过程中您最关注的是孩子的（　）。

A. 身体健康　B. 学习成绩　C. 心理健康　D. 其他

4. 您在教育孩子的过程中最苦恼的是什么？

语文方面：________________

数学方面：________________

英语方面：________________

其他科目方面：________________

5. 开家长会，您最想获得什么信息？

____

6. 教育孩子过程中您有哪些成就感？您能将成功的方法与大家分享吗？

____

调查问卷很快收上来了，从调查结果，我发现初二孩子——处于青春期孩子的家长几乎不太与孩子沟通，只有10人，也就是五分之一的孩子能经常跟父母沟通。家长开家长会最想了解的是：1. 孩子的在校情况； 2. 孩子是否在校专心上课； 3. 希望能与老师互动，了解孩子的学习；4. 学习更多的方法去更好地教育孩子、与孩子沟通；5. 如何提高孩子的学习成绩。我了解了家长的需求之后，仔细分析，其实都是因为父母与孩子沟通不畅，所以才会不知道孩子的在校情况。看到了调查问卷的结果之后，我知道这一次的家长会的主题是什么了，那就是——沟通与交流。于是我决定开一次家长与孩子共同参加的“世界咖啡式”的家长会。既然是家长与学生一起开，所以我赶紧在家长会前设计了一张学生问卷调查表对学生进行调查。

初二（2）班家长会学生调查问卷

1. 父母平时关心你的学习吗？（　）

A. 经常　B. 偶尔　C. 很少　D. 不关心

2. 你会经常跟父母聊天吗？（　）

A. 经常　B. 偶尔　C. 很少

3. 你最讨厌父母对你说的一句话是什么？

____

4. 你希望有什么样的父母？

____

5. 你想对父母说什么？

____

6. 作为学生有什么样的困惑？

____

学生调查表的结果，跟我的预想一样，孩子们认为家长更关心的是他们的学习，他们的父母不经常与他们沟通。他们都希望家长：1. 能理解他们； 2. 工作不要那么多，平时多陪他们 ；3. 关心他们，希望能和他们的朋友一样；4. 家长脾气好、不啰嗦等等。作为学生，他们困惑最多的还是学习与学习方法等以及如何提高自控能力、如何与他人相处等等。但让我感到意外但又感动的是第五项“想对父母说什么”，居然绝大多数孩子都只是想说“爸爸，妈妈，我爱你”。又或者想说：“爸爸，妈妈，感谢你们”等等。与之前的吐嘈大相径庭。学生们的调查问卷的结果更加让我坚定了这次家长会的形式与内容的设计。

期中考之后的家长会终于来了，因为本次家长会我要家长跟孩子们在一块儿开，所以我借了学校的报告厅召开本次家长会。首先，我用一个“戳动泪点”的感恩视频拉开了家长会序幕，告之家长们今天家长会的主题是学会感恩、学会沟通。然后告诉家长们本次家长会的目的是家长与孩子们一起成长，一起进步，一起找问题，一起找答案。

我将两个问卷调查的结果用投影放映出来，让父母与孩子一起了解对方真正的想法，当父母看到结果时，特别是第五项——你想对父母说什么的结果时，90% 的孩子都是感恩并对父母表达爱意时，我看到许多父母眼眶有一点儿湿润。我知道：有了共情，本次家长会就成功了一半。正如俗语所说“Well began is half done”，即好的开头就是成功的一半。

知道了家长与孩子的所需与所面临的问题时，我将孩子与家长各自分成了几个小组，以世界咖啡的形式，让他们讨论、交流探讨这几个问题。

家校携手　共创佳绩

你有更好的方法吗？（家长讨论）

1. 如何培养孩子好的学习习惯？
2. 怎样激发孩于学习的主动性？
3. 如何改变孩子身上的缺点？
4. 怎样平衡玩游戏与学习之间的关系（如何管理手机）？
5. 如何增强孩子的家庭责任感并增近与孩子的亲子关系？
6. 怎相帮助孩于找到有质量的学习方法（如何有效地学习、复习、预习等）？
7. 如何培养孩子好的生活习惯(如整理人个内务,时间观念,不拖拉,好的作息,锻炼等）？

家长讨论的题目

家校携手　共创佳绩

学生讨论

1. 如何改变偏科现象？
2. 如何提高各科的学习兴趣？
3. 如何和他人相处？变成更受欢迎的人？
4. 如何找到有质量的学习方法？
5. 如何提高个人的自控能力？（避免手机、游戏等对学习的干扰）

学生们讨论的题目

家长跟学生们都积极参与到其中，他们先形成每个小组的观点然后又讨论、再分享给其他组。世界咖啡的形式可以最大限度地讨论、集思广益与分享。家长们分享彼此的家庭教育经验，而学生们又分享他们的学习方法与解决问题的办法。之后我又安排了两位家长跟两位学生发言介绍一下他们的教育方法和学习方法，其他人再谈一下感受与体会。之后我安排了此次家长会最重要的也是最后一个环节就是家长跟自己的孩子互诉心里话，虽然他们每天都见面，但真正进行有效交流与沟通的却寥寥无几，所以家长会专门让他们面对面地去交流，让父母说出对孩子的期望，而孩子也说出对父母的期待，让他们互相学会理解与包容。时间就这样一分一秒流走了，我们的家长会开到了天黑，当我宣布家长会结束了，还是有很多家长跟孩子们交流着而久久不愿离去。

新同学来了

新学期开学的第一天，校领导告诉我，我班来了个插班生，还是个男孩儿。我心里一下子一沉，怎么又是个男孩？原来的班级已经严重失衡，15 个女生，21 个男生，这下比例更失调了，可想而知班级管理的难度又加大了。

第一次见这个新同学印象还很好。小小的个子，眼睛不大但充满了自信甚至可以说是自负的眼神，他自信地介绍自己叫雷智林。我简单地问了一下他的情况然后就安排在了女生相对较多的一个小组，将他介绍给组员，并嘱咐组员多帮助他，多关心他。前两周一切顺利，似乎小男孩很快就能融入这个班级，我内心还是感到欣慰的。可以第三周就有那个小组的学生来跟我说，要这个小男孩调组，不想跟他在一个组。刚开始，我以为是这个孩子说笑而已，不以为然。然而接下来的两周里，不断有学生来找我。最后是组长跟在这个组的班长找到我，要求他离开他们组。我终于开始正视这个问题了。

是什么原因让一个刚来的新学生不被同学接纳，最先跃入脑海的是：“不会是校园欺凌吧？难道我带的班级里出现了校园欺凌的苗头了？”校园欺凌是指在同学一方（个体或群体）单次或多次蓄意或恶意通过肢体、语言等手段实施欺负、欺辱， 造成另一方（个体或群体）身体伤害、财产损失或精神损害等事件。校园欺凌存在持续性及反复性的特点。一旦被欺凌者被选定成为欺凌目标， 将存在持续性与反复性，校园欺凌也存在直接性与间接性并存的特点。

校园欺凌跟同学之间的冷暴力如果处理不好会引出大问题，不管对欺凌者还是被欺凌者都是一辈子的伤害。当然从目前来看还没有出现欺凌事件，但却出现了排挤同班同学的现象，这跟一个提倡“团结、友爱的大家庭”的班级理念不相符而且严重破坏班级团结与和谐。如果不及时制止，任由事件发展下去也许就真成了校园欺凌。所以，我必须防患于未然。

怎样有效而且真正消灭在班级体出现的负面、消极的现象？如果只是简单地调座位，能解决问题吗？如果调了位，会不会这个小组排斥他的行为影响到其他组，其他组也排斥他怎么办？这个新同学还能真正融入到这个班级吗？一系列的问题在我的头脑里打转。我一直深信：“办法总比困难多。”调位不可能完全解决事情，只有抓住问题的本质才能更好地解决问题。

我没有简单地将他们的座位调开，而是先找班长、组长了解情况，弄清楚排斥他的原因。最后了解到原来只是因为这个孩子比较自负，说话不注意别人的情绪，有时经常言语上伤害同学，但自己却不知。而且，经常在同学们面前托大。他们觉得他有点儿吹牛，所以不太喜欢。

了解到了同学们要让他调位的原因，我找到了解决这个问题的方法了。那就是：双管齐下。第一要教会其他孩子学会包容，并且能善待每一个与自己不同的个体。第二要教会那个新同学怎样与同学相处，学会合适表达、得体说话。只针对任何一方面必然都起不到应有的效果。

想到了解决办法就开始着手实施。我先找班长跟组长谈话，严厉批评了他们的这种行为，让他们不能把这种负面的情绪传给他人，因为他们是班干部，他们的影响力要比普通学生更大。我故意装作十分生气，劈头盖脸地一阵批评。评价他们的行为是校园欺凌，批评他们没有同理心。这些都是乖宝宝，很少受到老师跟家长的批评，是被老师跟家长表扬大了的孩子，怎么能承受我这么严厉的批评呀。顿时，两个人流下了泪水，内心在谴责自己。我看到他们流下了眼泪，感到目的达到了，就要“大棒完之后要给他们胡萝卜”。于是，我再轻言细语，“晓之以理，动之以情”跟他们讲道理，让他们学会包容、宽容、善待每一个身边的同学。告诉他们每个人都是不同的个体，每个人都不是完美的人，每个人都有缺点但也都有优点。我们应该看看同学们的优点，并帮助同学改正身上的缺点，让他们学会帮助他人成为更好的人。我反问每个孩子，你们难道就没有缺点吗？结果他们都不出声了。我又对他们说，如果每个人因为另一个人身上有缺点而排斥他，那你们还会有朋友吗？孩子们的心都是善良的，只不过有时需要大人去引导，去教导。他们很快表示不用调他的座位了，他们也都表示将尽力帮助雷智林，努力帮他改正身上的缺点。

安抚好班干部的情绪之后，我又找到了那个新生，先肯定他这几周的表现，再提出他的问题，先扬后抑，他也能坦然接受我对他的建议。接着我又打电话跟他母亲进行沟通。他母亲是一个小学语文老师，她十分理解我对孩子的教育，也清楚她孩子的问题所在。可能是独生子，而且孩子父亲又生了重病，家里所有的重担都在他母亲一个人身上，平时过于关注他的学习而忽视了他的行为表现与性格的培养。我们达成了一致的意见，多关注孩子的行为习惯，并且教会他礼貌、谦虚以及学会与他人交往，学会与他人交谈。

最后我将他们整个小组放学之后留下来开会，让他们互相开展批评与自我批评，开诚布公地讲出对他人的不满，特别是对这个新生的不满。每个学生都意识到了各自的问题，而且都能虚心接受他人的意见并且表示努力改变。当我又一次看到这几个人的脸上挂满了笑容，我知道调位风波是真的过去了。

给二十年后的自己写封信

中考百日宣誓之后，倒计时就开始了，眼看着时间一天比一天少，临近中考的日子越来越近。各科老师都有条不紊的进行着复习，学生经历着各式各样的题海战术，每天的刷题、测试，让初三的学习变得越来越枯燥、乏味，渐渐地，有些孩子已经到了学习的瓶颈区，产生了厌学、弃学的念头。但往往就是在这段时间里，“狭路相逢勇者胜”，往往就是靠那一点点的努力，一点点的进步，也许就能够在将近十万人的中考中胜出。

这时候的孩子往往会在对自己的未来的期盼与迷惘中纠结。越临近中考，他们的学习压力与负面情绪就越大。而这种压力与情绪如果不得到疏解，就会直接影响到学生考试正常发挥。又因为中考是孩子们的第一次人生大考，每个孩子的父母也对孩子充满了期望。学习的压力和父母的期望，如果这个时候学生没有摆正好位置都会影响他们，而学生的心态一旦出现了问题，中考就可能会面临着失败，考不出他原本应有的水平。作为班主任采取一定手段与方法让孩子有坚定的信心与必胜的勇气极其重要。这时候给孩子打气，进行考前动员会并进行考前各种心理辅导成为了必要。

古有“沙场点兵”，今有“考前动员”。中考战斗即将打响，我先给孩子进行考前动员，利用早读、课间、班会等时间，擂起战鼓，给孩子打“鸡血”，吹响冲锋的号角。让他们树立起足够的信心，去争取这场战斗的胜利。打“鸡血”之后就要给学生减压，并进行心里疏导。为了给学生减压，为了给他们疏通、排解的渠道，我在开家长会时，让家长给学生写一封信，并写一句祝福的语言贴在我设计的祝愿树上。

孩子们收到父母给他们的信件与祝福，自然信心大增。同时，为了让他们有一个可以排解情绪的渠道，我将班上的公告栏改成了吐槽栏。在上面，学生们可以将自己想倾诉的话，或想对同学说的话都写在便利贴上贴在上面。适当的宣泄，可以让孩子减压，同时激起他们心中奋斗的力量。

最后，为了让他们能有战胜中考前的困难的勇气，克服自身的惰性，就要唤起他们心中的理想。我们知道，理想是人生航程的灯塔，是我们人生奋斗的目标，指引着我们人生前进的方向。古往今来，凡是有作为的人，无不重视理想的作用，他们在青少年时代就确立远大的理想。理想是指路明灯，如果一个人没有理想，就没有了确定的奋斗目标，前进的方向。理想是我们人生前进的动力，理想作为我们人生追求的目标，人们为了达到这个目标就要以坚强的毅力，顽强的斗志，勇于拼搏的精神去奋斗。因此，理想便成了我们前进的动力，可以让我们创造出不平凡的业绩。高尔基说过：一个人追求的目标越高，他的才能在发挥过程中对社会就越有益。那么该在中考前怎样唤起他们曾有的理想和对未来的追求呢？我想到了写信。让他们每人给二十年后的自己写一封信。

孩子们纷纷给二十年后的自己写信，他们拿出真情实感，写得很好，有的孩子幻想着二十年后成为了翻译家，成为了老师，成为了歌手，成为了厨师等等。在信中他们纷纷给自己加油、打气。

毕业前的小风波

中考结束了，孩子们这一次真的要毕业了。他们马上就要离开明德中学，初中三年的学习经历在他们每个人的人生中都是重要而不可抹灭的一段成长经历。为了给他们一个难忘的瞬间，为了让他们每一个人生阶段有仪式感，也为了让他们以后怀念母校时有美好的记忆，作为带了他们三年的班主任，我决定跟他们一起组织一个难忘的毕业 Party。

我马上召集班上的所有班干部开了次临时班干部会议，让他们群策群力，一起协商并设计毕业 Party。孩子们七嘴八舌，给了很多建议，很快就收集到了很多想法。毕业 Party 最后决定由三大部分组成：第一部分，难忘师恩，让科任老师给我们的孩子送祝福。第二部分，感恩母校，即让每一位同学谈一下他们在明中三年的初中生活，谈一下他们的成长经历，开心的、不开心的经历。最后一部分，同学情谊，学生们以小组为单位做游戏并拍照留念或互送毕业小礼物。毕业 Party 内容确定好了，我立即安排几个学生制作 Party 所用的 PPT，并让他们选好音乐，也立即将此次活动告之给家长。家长获悉后，纷纷表示支持，还要大力捐助此次活动，有的家长购买了一个毕业大蛋糕，有的购买了水果与饮料等等。看到家长这么支持这次活动，我也自掏腰包给孩子们订了几个大披萨。万事俱备，只等“毕业 Party”那一天的到来了。

正当我在办公室整理这次毕业 Party 的细节，为第二天的活动做准备时，突然有一个高个子、戴眼镜的斯斯文文的男孩子在门口敲门。我抬头一看，原来是黄靖。这是一个成绩非常优异而且十分腼腆的男孩，平时他总是独来独往，做自己的事，认真学习，在班上从来不跟其他人打闹，是一个典型的独行侠。他鼓起勇气对我说：“老师，我想跟你说一件事，我可以进来吗？”我让他进来，心里正好奇：他都已考完试，还有什么事要找我？还有什么话要跟我说呢？这时看见他红着脸对我说：“明天的毕业典礼，我不想参加，老师我想请假。”

刚开始，以为他的家里有急事。于是，我问道，“明天你有很重要事要做吗？还是你家里有重要的事所以不能参加？”谁知道他只是摇摇头不说一句话。我接着问道，“既然没有事情，你为什么不想参加呢？”而他也只是对我说没有什么原因，就是不想参加。于是我对他说，人生就只有几个转折点，以后你就不再是明中的学生了。你就要走上人生的另一个阶段，为什么不参加呢？这可以给自己的青春留下美好的印记。过了一会儿，他从牙齿缝里挤出几句话：“因为他们都是垃圾，我不想参加。”我的头嗡的一下炸了，怎么回事？一个平时表现如此规矩，从不惹事生非，每天认真上课、认真做作业的一个老师心目中的优等生，居然叫他朝夕相处了几年的同学为垃圾。听到这样的话，我忍不住生气、怒火中烧起来，“你为什么把你的同学叫作垃圾？那你跟垃圾在一起，你是什么？”血涌上来，我对他进行了严厉的批评，办公室其他的老师也纷纷过来批评他。这个平时从没受过老师批评的乖孩子没有想过他不参加毕业典礼的举动会引起老师们对他这么多这么大的反应。可能他以为他请假，只是一件小事而已，没想到老师们的反应是这么的强烈，一时接受不了，忍不住哭了起来。这时候我反而冷静了下来，我知道一件事要真正解决，就必须要了解问题的本质与原因。于是我对他说：“先去洗把脸，冷静下，再跟我讲清楚。”我让他去洗手间洗脸，冷静一下，而我也就利用他洗脸的时间立刻调整好心态，迅速思考这个学生不愿参加毕业典礼的根本原因是什么。

突然我想起来中考考试的前两周，我让他跟同学分享一下学习经验，他曾经对我说，不想分享，因为分享了也没用。我当时却忽略了，以为他只是那段时间学习太忙，没时间写稿，所以不愿分享。我又想起了前段时间因为填报志愿曾经跟他父母沟通，他的爸爸曾经对我说过这个孩子有点偏激，总认为他自己的想法是正确的，当发现别人的想法与他的想法不同时，就会产生矛盾，即使是父母也是一样。我突然意识到，之前我忽视了对这个孩子的教育，没有帮孩子找到正确的看待问题的方法。

当孩子从洗手间出来之后，我没有直接批评他，只是对他说，我想让他说出他的看法，而我只是作为一个倾听者，认真地倾听他的想法。这时候孩子终于打开心扉，给我讲了很多，他说看不惯同学们，他们不努力学习，总是想着玩。而且，在班里没有志同道合的好朋友，没有同学理解他，所以不想参加毕业 Party。我一下子意识到问题的本质了，是这个孩子交友出现了问题，看待问题太过偏激，没有很好地融入这个班级。于是我反问他，你有没有真心地去跟身边的同学交朋友？你有没有真心地去帮助过别人？当同学有困难时，你有没有伸出援助之手？这时候，他不出声了，摇摇头，说没有，他告诉我曾有同学向他请教时，他因为忙于自己的学习而不理会同学们的求教；有时候又觉得同学不认真才不会，所以自己不想教。虽然有时会教其他同学数学题，但会忍不住批评同学："这么简单的题目都不会，真笨。"久而久之，来问他、向他求教的同学越来越少，同学们不再愿意找他。同学们觉得他太清高了，不再有人跟他交心，他变得越来越没有朋友。

了解清楚之后，我从如何交朋友，怎样学会表达，如何真心帮助别人几方面入手，告诉他，一个人要交朋友一定要付出自己的真心，要主动帮助别人，而不是同学遇到困难不仅不出手帮助还嘲笑，这些都是不可取的。其次我还告诉他，每个人的追求不同，每个人的选择不同，我们不能将自己的想法和意愿强加于他人，我们要学会去理解他人，并且站在对方的角度看问题。有的同学可能喜欢认真读书，而有的同学可能因为资质不行，学习成绩较差，有的同学可能有这样、那样的爱好，我们都要学会去尊重他们每一个人，而不是嘲笑他们。我告诉他："过去已经过去，没办法重来，但是我们现在还可以去争取、去弥补。初中的三年老师不希望你能留下任何的遗憾。你正好可以利用最后一次班级活动去敞开心扉，学会去主动真心地交朋友。"

跟他谈了将近一个小时，他慢慢接纳了我给他的建议，答应我参加这次毕业活动，尽力试一试。晚上我又打了他父母的电话，将这个孩子的问题跟他父母沟通了一下。嘱咐他们以后要关注孩子的心理状况，而不要只是看学习成绩。他的父母听我一说才知道孩子原来心里有这么多问题。

第二天的毕业 Party 顺利进行了。黄靖也在 Party 上发表了自己的毕业感想，我还特意留意了一下，发现他正在努力融入到其他孩子中间，而同学也跟他一起大笑。

这个故事不完美，但却真实。无论是家长还是老师，总会特别关注那些问题学生、调皮生、性格外向的孩子。相反，那些内向、平时不出声、从不违反纪律、成绩又很好的孩子们，老师跟家长总是会忽视。老师与家长们总觉得孩子很乖，学习成绩又好而忽视孩子其他方面的问题。教育是让每个孩子成为一个更好的人。成绩好只是孩子的一个方面，身心健康、乐于助人、善良、乐观等，让学生具备这些优秀品质才更重要。

拯救“迷途的羔羊”

每一个孩子的背后就是一个家庭，孩子的成长不会总是一帆风顺。初中阶段正值孩子青春叛逆期，如果引导得不好并且又有家庭教育的缺失，又或外界的诱惑都有可能让孩子误入迷途，成为“迷途的羔羊”。如果不能对孩子及时进行干预，并让其走向正轨，那么毁掉的不仅仅是孩子本身，也可能会毁掉整个家庭。去年，我就真遇到了一个“迷途的羔羊”。历经两年的拯救，结果不太完美，但背后的过程却让人深思。

一、初识“迷途的羔羊”

初一学期期末，就听到了隔壁班的刘老师在办公室诉苦，班上的一个名叫“小璇”的女孩子怎么成绩退步这么多？不仅成绩退步，据说还和初二级的一个男孩子谈恋爱。刘老师满是可惜与无耐。第一次我知道了这个叫“小璇”的女孩，但因为不教她也没放在心上。谁知“幸福”就是来得那么快，初二一开学因为学校人事的调动，不得已要拆掉一个班，而拆的恰好是刘老师的班级，“小璇”恰好又被分在了我的班上。我第一次真正地认识了她，一个外表看起来开朗但有时又有点儿忧郁神情的女孩子。刚来一个新的班级，也不太与班上其他同学交往，但一说话时，又总带着一点儿大姐大的语气，学习还是很认真，上课也很喜欢举手回答问题，成绩也可以，体育也很好，特别是会踢足球。

二、奶奶来学校了

刚刚开学的第一周还风平浪静，小璇表现一切正常，我不禁自喜。心想是不是刘老师太小题大做了？谁知高兴的日子不算太久，第二周的周一办公室就来了一位不速之客——小璇的奶奶，奶奶七十多岁，声音洪亮，一看就是一个极其强势的人。奶奶一见到我就自报家门，还没坐定就对我说：“那个衰女不回家住了，小璇离家出走两周了。”听到这个消息我心里“咯噔”一下，她不好好地在班上上课吗？于是我让老人坐好，让她一五一十地跟我讲清楚。通过跟她奶奶的沟通才真正知道了她的现状，小璇在她小学六年时，父母离婚，妈妈回了老家雷州，而她现在跟爸爸奶奶住在一起，而爸爸在她初一的时候又中了风，说话已不太清楚。自从她父母离婚、父亲中风之后，都是七十多岁的奶奶在照顾她。老人说，正因为没有了妈妈的管教，她管小璇管得很严，但是孩子越长大，却越不听老人的管教，所以小璇跟奶奶的关系很差。孩子不回家的起因是暑假打暑期工，本应6点就到家的，可她却大约9点才回到家，奶奶又知道了她跟初三的一个男孩子走得较近，怕她学坏，所以管教了她，但管教方式却比较简单、粗暴，打骂了她，爸爸虽然行动不便，但因为生气，也用碗扔了她，长时间累积起来的怨气一下子喷发出来，最后她用离家出走来对抗。

三、心病还须心药医

了解到整个事情的大概，我跟小璇进行了多次长谈，同时特地打电话给了她的妈妈几次，还跟原来的班主任了解这个孩子原来的表现，最后真正明白了事情的原委与成因。所有的问题绝不是一朝一夕形成的，长期地压抑、长期地缺乏爱才会让她跟其他男孩子走得较近，只要有一个人给她一点爱，她就会像飞蛾扑火一样扑过去。如果这时她感受不到来自家人的爱，她就会做出极端的举动。这也是造成她今天离家出走的原因。所以要从根本上解决这个问题就要从根本上入手而不仅仅是将她送回家。

为了更好地解决这个问题我从两方面入手，先力劝小璇跟她奶奶和解，先劝她回家，另一方面，做她奶奶思想工作，让她改变教育的方式方法。为了达成劝她回家的目的，我先取得了她妈妈和其他同事的助力，因为众人拾柴火焰高，小璇终于有一点儿动心了。但其实解决问题关键还是奶奶的改变。奶奶始终不认为自己的教育方式方法错了，总是将原因归为小璇不听话，小璇早恋才会如此，奶奶不改变，哪怕小璇今天回了家，也许明天还会离家出走。想要药到病除只有使奶奶改变，但让一个近80岁的人改变这是件多么难的事呀，而且这近80岁的老人年轻时曾在村里当过领导、当过书记，她多年的习惯性强势要一下子改变那是难上加难。跟奶奶沟通过几次之后，她只是态度有点儿软化但还并不能真正接受，最后我求助了校长，校长毕竟比我年长一些，而且一校之长相对我来说，会更有话语权。最后我约了校长、奶奶和小璇一起来校长办公室进行长谈沟通。这一次终于让奶奶肯正面认识自己管教的错误，为小璇心甘情愿回家奠定了基础。最终小璇在一个星期之后回了家。

四、“迷途的羔羊”再次迷途

小璇虽然愿意回家但并不意味着问题已得到了解决，因为家长的教育方式与方法不改变，孩子没有家庭爱的包围，她就会在外面找爱，孩子没有从根本上找到自己想走的路，而青春期的孩子还不能理性看待问题，往往会因为一时之气而做出错误的选择。“迷途的羔羊”如果没有正确的引路，很可能她会走上“歪路”“歧路”，这也是我最不愿意看到的。十四、五岁如花的年龄，她应有更好的前途。

初二整整一年，奶奶在我们的引导下，一定程度上对她的教育方法有了一些改变，而为了让小璇感受到更多来自老师与同学们的关心与爱，我任命她为班上的副班长和物理学科的科代表，并跟所有的科任老师打招呼，让他们平时多关心她，有空多找她聊聊天，物理老师江老师还经常利用中午的时间帮她辅导物理，数学老师也一有空就会找她来做题、聊天。而我平时会让她给班级多做事，我一有空就让她来我办公室跟她聊天，体育老师龙老师也给她更多的机会踢足球。慢慢地，小璇进入初二进步明显，她不仅代表学校参加我们白云区足球比赛获得优异的成绩，而且还在片区比赛中获“金靴奖”，期末考试学习成绩也进步到年级第十名。期末接到她奶奶的电话，充满了感激，我们都设想着这个孩子中考能考入我们区的重点高中。

可是一进入初三，奶奶又来到了学校，告诉我，小璇又离家出走了，让我帮帮她。出走的原因又是暑假她天天不在家，奶奶爱之深，责之切，忍不住又打了她。而这次她离家出走时却跟社会青年玩在了一起，不愿回家。而且这一次更严重地是，她连学校也不回了，初二时，只是离家，但每天还是准时回校上学，但这次是不回家也不回校。看着刚刚走上正轨的孩子这次走得更远，我的遗憾难以言表。初三一年对每个初中生来说都是非常关键的一年。如果这个孩子选择错误，误入歧途，那么我们之前的努力就完全白费。于是我发动全班同学给她发短信，劝她回校。我也不断跟她母亲联系，甚至让她母亲回广州来一起劝说她回校、回家。刚开始她答应得很好，可是回来上了两天学，第三天又不见了。班上跟她比较要好的同学说，她晚上跟社会青年出去喝酒，玩通宵，第二天没办法上学。她甚至还跟社会青年称兄道妹，她每天白天睡觉，晚上出动，几乎过着行尸走肉的生活。最后，我让她母亲来广州带她回雷州老家一段时间，也许离开广州，离开那一群社会青年，她会变好些。在雷州的一段时间里，安静的生活让她真正开始学着思考，她似乎有所改变，她发短信跟我说想回学校上学了，她要回家并跟那些社会青年断绝来往。我同意了她的请求，让她回来上学，力争弥补上以前所缺的课。

只可惜都已是初三下学期，离中考还有一个多月，我们所有的学生都已开始为中考冲刺，而她初三旷课太久，缺得课程太多，已没法跟上老师和同学们学习的步伐。回校上学很多都已听不懂，特别是理科，心理上的落差让她学习上开始自暴自弃。又因为长达一年的生活作息不规律，临近中考，她身体也出了状况，胃出血、喉咙长息肉要动手术，更加让她无心上学。最后初三毕业只能去读了职中。

故事的结尾虽然没有我之前所设想的那么完美，她没有按我预想的那样考入理想的高中。但总的来说，这只“迷途的羔羊”还是从“歧路”走回到了“正途”，她最终回了家，而且还继续上了学，并且与之前交往的社会青年全部断绝了来往。现在反思起来，有几点让人深思：1. 有时候，家庭教育比学校教育更为重要，一个孩子单单靠学校或一个老师来改变是不可能的，家庭跟学校要形成合力，才会让教育更有效；2. 其次，父母跟家庭要给孩子足够的爱，心中有爱、不缺爱的孩子才不会在外面找爱。许多家长都只是在生活上、物质上满足孩子的需求，却忽视了孩子们内心的需求，小璇的奶奶与父母都爱她，但表达爱与关怀的方式、方法却用错了，她们的爱让孩子感受不到。奶奶明明是为孩子好，明明是关心孩子，但最后却变成了孩子口中的“可恶”。当孩子出现行为偏差时，如果能多一些关怀，多一些陪伴，也许她不会那么容易跟那些不读书的社会青年在一起。小璇几次都跟我说，其实每天晚上跟那些人在一起内心是空虚的，但她总是控制不住要跟她们在一起，因为短暂的快乐可以暂时麻痹她内心的痛苦。这个时候如果做父母的可以多一点关怀、再多一点陪伴、跟孩子多一点沟通，疏导一下她内心的痛苦，一定会比现在的结果更好。3. 家长们要关注孩子的交友安全，初二时，她的社交圈还只是学校，学校里的孩子再调皮但毕竟还是比较单纯，所以虽然她也离家出走，但她每天都会认真上学。但当她结识了不读书的社会青年时，社会青年的价值观影响着还没有学会成熟思考的孩子，于是她就深陷泥潭而拔不出来，这时，我们学校的教育就变得有点儿苍白无力。

后 记

整本书是我对自己二十几年的教育教学经历进行总结以及我对专业发展之路的回顾。

二十多年来，我从懵懵懂懂、误打误撞进入教育行业的一个新丁到慢慢成长、成熟，形成自己的教学风格，再到最后，经过不断学习、思考与不断反思，成长为有自己教育、教学思想的广州市名教师，进而又成为广州市名师工作室主持人，在我个人的专业成长过程中，离不开众人的扶持、支持与帮助，离不开专家的指导，也离不开学校的大力支持。回顾以往，我的“专业成长之路”可以分为几个阶段：

第一阶段：懵懂稚嫩期

初入教师行业，作为一个新丁，作为一个新老师，对有关教育的一切都是陌生的。自己唯一能做的，就是学习模仿和借鉴。新入职的前几年，自己总是在不断地向他人学习，向同伴学习，向同事学习。虽然个人的眼界有一点狭窄，但凭着“初生牛犊不怕虎”的信念，每天与学生打成一片，跟着有经验的老师来做，努力提高学生的英语成绩，让学生喜欢英语，也取得了一定的教学成绩。

第二阶段：专业成长期

三年“依葫芦画瓢”式地带完了我的第一届学生，我开始进行深深的反思，第一次将我的反思写成了文字，我也第一次将文字变成了论文。

还记得 1999 年白云区论文年会，我抱着试试的态度，第一次将我的反思与心得写成了一篇论文。现在回想起来那是多么稚嫩的一篇文章，但想不到的是，第一次将文字变成了论文，就在区内获奖，还被广州市白云区教育发展中心安排宣读交流。当我第一次在同行面前朗读并与同伴分享这篇我个人认为还比较稚嫩的文章时，我的喜悦之情无法言喻。这一次的宣读交流对我来说是一个极大的鼓舞，让我开始尝试着将我在教育教学中的一些想法、一些反思、一些经历写在了文字中并写成论文。

接下来几年里的白云区论文大赛，我都积极参与，都获得奖励。2004 年我被顺利地评为了中学一级教师。2005 年从乡村中学调到了现在的学校。我从农村来到了城市，视野变得更开阔，接触的人更多，学到的东西也就更多。良好的教育、教学氛围让我对英语教学有了进一步的研究。这期间我参与了各种教辅资料的撰写，成为了《英语周报》与《学生双语报》的特约编辑，还主持《双语报复习专刊》的编撰，同时还参与了《中考过关精练》的编撰。

第三阶段：专业发展期

在多年的英语教学中我发现我总会遇到这样、那样的问题。而这些问题往往靠一篇论文已解决不了，这时我就在思考是否能将这些问题变成教学研究，于是我开始了第一次跟课题研究的亲密接触。

2009 年，我主持了全国教育科学“十一五”规划教育部重点课题“课程资源促进有效教学的研究与实验”的重点子课题“开发利用课程资源，提高英语教学效能研究与实验”。第一次尝试着用教学实践、反思、各种教学活动去做课题研究。2010 年我第一次前往河南省开封市参加全国骨干教师培训班，佩服我当时的勇气，在全国那么多骨干教师面前，第一次做我主持的课题研究的汇报。因为做课题，我又尝试将自己的论文投到杂志社去发表。到现在还清楚地记得第一次看到自己写的文字变成铅字的那种心情。渐渐地，我对教师的认识越来越清楚，我对英语教学也越来越清楚。开展课题研究，让我自己对教学有了自己的想法，2010 年我被评为了中学高级教师。

第四阶段：专业成熟期

2010 年被评为了中学高级教师之后，有一段时间总觉得人生似乎已经达到了顶峰。有一段时间，我甚至迷失了自己的方向，不知道还有什么追求。感谢教师培训，2012 年我参加了广东省骨干教师培训。之后，我相继又成为了广州市白云区名教师培养对象与广州市首批百千万名教师培养对象。五年的学习和培训经历，让我接触到广州市众多优秀的教师与一大批专家学者。俗话说得好："与优秀的人在一起，自己也会变得更加优秀。"在华师导师与同伴的帮助下，我不断提炼个人的教育、教学思想，并用个人的教育、教学思想指导教学，并成功申报了广州市"十二五"规划课题，2017 年成功结题。

感谢这五年的学习、培训经历，让我清楚地认识到作为教师的我未来的方向与目标。

向 丽

2019 年 11 月 12 日于广州

参考文献

1.Hymes. D.H. 1971. On communicative competence [A]. In C. Brumfit and K. Johnson (Eds.)

2. 尹刚，陈静波 . 给英语教师的 101 条建议 [M]. 南京：南京师范大学出版社，2004.

3. 克鲁普斯卡娅 . 克鲁普斯卡娅教育文选 [M]. 北京：人民教育出版社，1995.

4. 安德列，雷德芬，于涵译 . 卓越教师的 200 条教学策略 [M]. 北京：中国青年出版社，2016.

5. 麦克·格乐森 . 从备课开始的 50 个创意教学法 [M]. 北京：中国青年出版社，2017.

6. 柳夕浪 . 课堂教学临床指导 [M]. 北京：人民教育出版社出版，2006.

7. 陈晓 . 对英语课堂教学中小组讨论的几点思考 [J]. 新课程研究，2005（4）.

8. 邓南阳 . 初中英语教学中的分层教学法 [J]. 新课程 · 中旬，2015（8）.

9. 高歌 . 点击之间，近在眼前 [J]. 教学月刊 · 中学文科版，2001.4.

10. 教育部 . 全日制义务教育英语课程标准（实验稿）解读 [M]. 北京：北京师范大学出版社，2011.

11. 朱晓燕，徐俊仪 . 新课程课堂教学技能与学科教学—— 初中英语 [M]. 北京： 北京世界知识出版社，2007.

12. 罗先达，尹世寅，周蓉 . 英语教学实施指南 [M]. 武汉：华中师范大学出版社，2003.

13. 何安平 . 新课程理念与初中英语课程改革 [M]. 长春：东北师范大学出版社，2002.

14. 周平儒 . 开发和利用课程资源的途径 [N]. 英语周报 · 初中教师版 2005.11.16（3）.

15. 何树声 . 中学英语自主教育策略 [M]. 广州：广东教育出版社，2013.

16. 许红梅 . 培养学生英语自主学习能力的策略研究 [J]. 成才之路，2019（2）.

17. 余武．信息化教学资源的开发和建设 [J]. 中国电化教育，2001（7）.
18. 奚超．顺口溜在英语教学中的运用探究 [J]. 成才之路，2017（26）.
19. 章兼中．外语教育学 [M]．杭州：浙江教育出版社， 1999.
20. 焦晓骏．怎样成为一名优秀英语教师 [M]．上海：华东师范大学出版社，2011.
21. 王蔷．从综合语言运用能力到英语学科核心素养——高中英语课程改革的新挑战 [J]. 英语教师，2015（16）：6
22. 中华人民共和国教育部．义务课程标准（2011 版）[M]. 北京：北京师范大学出版社，2012.
23. 梅德明，王蔷．改什么？如何教？怎样考？ [M]. 北京：外语教学与研究出版社，2018.
24. 梅德明，王蔷．普通高中英语课程标准（2017 版）解读 [M]. 北京：高等教育出版社，2018.
25. 辛强．基于主题意义探究的英语教学实践——以一篇科技说明文的教学设计为例 [J]. 中小学外语教学，2019（5）：26–31.
26. 黄正翠，彭德河．基于主题意义探究的高中英语听力教学设计改进 [J]. 中小学外语教学，2019（6）：8–12.
27. 广州市教育研究院．广州市初中毕业生学业考试指导书 [M]. 广州：广东教育出版社，2011.
28. 李丹，蒋小丰．人文理念下的班级管理 [J]. 当代教育论坛，2006.
29. 李荣．以“人本”为理念，创建和谐班级 [J]. 班主任之友，2006（2）.
30. 贺亮．从班规看当前班级制度文化的发展与不足 [J]. 教学与管理，2006（3）.
31. 李飞．积极心理学视角下中学生心理危机干预策略 [J]．学理论，2014（09）：94–95.
32. 冯丽洁．积极心理学视角下中小学厌学问题的对策研究 [J]. 考试周刊，2010（55）：236–237.
33. 李镇西．做最好的班主任 [M]. 桂林：漓江出版社，2014.